KB048054

소중한 나를
부자로 만들어 주는
지혜

WISDOM
FOR THE

소중한 나를
부자로 만들어 주는
지혜

월러스 워틀스 원저 | **안진환** 편역저

RICH

현인
HERMITHOUSE

당신이 돈을 무시하면
돈은 반드시 당신에게 복수한다.

머리말

이 책은 가장 긴급하게 필요한 것이 돈인 사람들, 일단 부자부터 되어야 할 이유가 절실한 사람들을 위한 책이다.

나는 먼저 이 책에서 소개하는 지혜에 관한 원칙을 받아들여야 한다는 점을 강조하고 싶다. 두려움이나 주저함 없이 이 원칙들을 토대로 행동하면 누구든 부자가 될 수 있기 때문이다.

무엇보다 나는 누구나 이 책을 이해하기 쉽도록 가능한 쉽고 명료하게 쓰기 위해 노력했고 이 책에서 언급된 행동 계획은 철저한 검증과 실제적 실험을 통해 그 효과가 이미 입증되었다.

월러스 D. 워틀스

목차

"
부자가 되고 싶어 하는 것은 잘못이
아니다.
부에 대한 열망은 더욱 풍요롭고
만족스러운
삶에 대한 욕망이다.
이러한 욕망은 칭찬을 받아야
마땅하다. **"**

1

부자가 될 권리

누가 어떤 말로 가난을 옹호해도 분명한 사실 한 가지는 부자가 아니면 진정으로 완전하거나 성공적인 삶을 누릴 수 없다는 것이다.

돈을 많이 혹은 적절히 갖고 있지 않으면 어떤 사람도 재능과 영적 성장의 잠재적 최대치에 도달할 수 없다. 영성을 넓히고 재능을 발전시키려면 많은 것들을 이용해야 하는데, 돈이 없으면 그것들을 구할 수 없기 때문이다.

사람은 사물을 이용하여 정신과 영혼, 육체를 발전시킨다. 그리고 사회는 돈이 있어야 사물을 소유할 수 있도록 조직되어 있다. 따라서 사람의 모든 발전을 위한 기초는 부자가 되는 지혜여야 마땅하다.

삶의 목적은 발전이다. 그리고 생명체는 자신을 최대한 발전시킬 양도할 수 없는 권리를 가진다. 인간이 삶의 권리를 지녔다는 것은 곧 정신적, 영적, 육체적으로 최대한 발전하는 데 필요한 모든 자원을 무제한으로 자유롭게 사용할 권리, 다시 말해서 부자가 될 권리를 지녔음을 의미한다.

나는 부에 대해 둘러서 말하지 않을 것이다. 부유하다는 것은 적은 것에 대한 만족을 의미하지 않는다. 더 많은 것을 이용하고 향유할 수 있는 사람이라면 적은 것에 만족해서는 안 된다. 자연의 목적은 생명의 진보와 번성이다. 인간은 그 힘에 기여할 수 있는 모든 것을 가져야 한다. 삶의 우아함과 아름다움, 풍요로움 같은 것들, 다시 말해 부가 있어야 가능한 것들이다. 적은 것에 만족하는 것은 옳지 않다.

누릴 수 있는 모든 삶을 살기 위해 원하는 모든 것을 가질 수 있는 사람이 부자다. 돈이 충분히 많지 않은 사람은 원하는 것을 다 가질 수는 없다. 세상이 발전을 거듭하며 복잡해진 요즘 보통 사람들이 완전함에 가까운 방식으로 살려면 상당한 양의 부가 필요하다. 사람은 누구나 스스로 꿈꾸는 어떤 존재가 되고 싶어 한다. 타고난 가능성을 실현하고자 하는 이러한 열망은 인간의 자연스러운 본성이다. 우리는 우리가 원하는 것을 이루기 바란다. 성공한다는 것은 자신이 원하는 존재가 되는 것이다. 이는 오직 물질을 이용해야만 가능하다. 그리고 그것들을 구매할 돈이 있어야만 물질을 자유롭게 이용할 수 있다. 그러므로 부자가 되는 지혜는 모든 지혜 중에서도 가장 기본적이고 중요한 지혜이다.

부자가 되고 싶어 하는 것은 잘못이 아니다. 부에 대한 열망은 사실 더욱 풍요롭고 만족스러운 삶에 대한 욕망이다. 이러한 욕망은 칭찬을 받아야 마땅하다.

보다 풍요로운 삶을 바라지 않는 사람은 비정상적인 것이며, 따라서 원하는 모든 것을 살 수 있는 충분한 돈을 갖길 바라지 않는 사람 역시 비정상적인 것이다.

  우리가 삶을 사는 데에는 세 가지 동기가 작용한다. 우리는 육체를 위해 살고 정신을 위해 살며 영혼을 위해 산다. 이들 중 어느 하나도 다른 둘보다 더 우월하거나 신성하지 않다. 세 가지 모두 똑같이 바람직하며, 셋 중 어느 하나라도 온전히 발현되지 못하면 그 사람은 완전한 삶을 살 수 없다. 육체와 정신을 돌보지 않고 영혼만을 위해 사는 것은 옳지 않듯이, 육체나 영혼은 무시한 채 정신만을 위해 사는 것도 옳지 않다.

  우리는 정신과 영혼은 무시한 채 육체만을 위해 사는 삶의 혐오스러운 결과를 잘 알고 있다. 또한, 진정한 삶이 육체와 정신, 영혼을 통해 발산할 수 있는 모든 것의 완전한 발현을 의미한다는 것도 이해하고 있다. 몸이 제대로 기능하지 않으면 어떤 식으로 위안을 삼든 진정 행복하거나 만족스러운 삶을 영위할 수는 없다. 정신이나 영혼이 제대로 기능하지 않는 경우도 마찬가지다. 가능성이 발현되지 못하거나 기능을 제대로 수행하지 않으면 채워지지 않는 욕망만 남게 될 뿐이다. 가능성을 점점 키워서 구체화하는 것, 바로 그것이 욕망이기 때문이다.

사람은 좋은 음식과 편안한 옷, 안락한 보금자리가 없으면, 그리고 과도한 노동에서 벗어나지 못하면 육체적으로 온전한 삶을 살 수 없다. 휴식과 놀이 역시 육체적인 삶에 필수적이다. 사람은 책을 읽거나 공부할 시간이 없으면, 관람이나 여행을 다닐 기회가 없으면, 지적인 교류가 없으면 정신적으로 충만한 삶을 살 수 없다. 정신적으로 충만한 삶을 살려면 지적인 여가를 즐길 줄 알아야 하고 예술적인 대상이나 미적인 대상을 최대한 가까이해야 한다. 또한, 영혼이 충만한 삶을 살기 위해서는 사랑이 필요한데, 가난하면 사랑의 표현도 부족해질 수밖에 없다.

우리는 사랑하는 사람들을 유익하게 할 때 최고의 행복을 느낀다. 사랑의 가장 자연스럽고 자발적인 표현은 무언가를 베푸는 것이다. 아무것도 베풀 게 없는 사람은 남편이나 아버지로서, 시민으로서, 한 명의 인간 존재로서 자신의 자리를 채

울 수 없다.

우리는 물질을 사용해야만 육체에 온전한 생명력을 부여하고 정신을 발전시키며 영혼을 발현할 수 있다. 그러므로 부자가 되는 것은 중요한 일이다.

부자가 되고자 하는 열망을 갖는 것은 옳은 일이다. 정상적인 사람이라면 그러한 욕망을 가질 수밖에 없다. 따라서 부자가 되는 지혜에 관심을 갖는 것 역시 완벽하게 옳은 일이다. 그것을 아는 것은 모든 공부 중에서 가장 숭고하면서도 가장 필수적이다. 그 공부를 게을리하는 것은 당신 자신과 신, 그리고 인류에 대한 의무를 등한시하는 것이다.

66

당신의 잠재력을
최대한 발현하는 것보다
신과 인류에 대해
더 훌륭한 봉사는 없다.

99

66

현재 당신이 얼마나
가난하든 상관없다.
특정한 방식으로
행동하기만 하면
당신은 틀림없이 부자가
될 수 있다.

99

2

과학적 지혜

부자가 되는 지혜가 존재한다. 그리고 그것은 대수학이나 기하학 같은 정밀과학이다. 부자가 되는 과정을 지배하는 원칙들이 존재하며, 이 원칙을 배우고 그대로 실천하는 사람은 반드시 부자가 될 수밖에 없다.

사람은 특정한 방식으로 행동해야만 돈과 자산을 손에 넣을 수 있다. 내가 말하는 특정한 방식을 실천하는 사람은 부자가 된다. 목적의식을 갖고 행동했든, 우연히 그렇게 행동했든 말이다. 반면 그 방식을 실천하지 않는 사람은 아무리 노력한다 한들, 또 아무리 뛰어난 재능을 타고났다 한들 가난을 벗어날 수 없다. 동일한 원인이 언제나 동일한 결과를 가져오는 것이 자연의 원칙 아니던가? 따라서 특정한 방식으로 행동하는 법을 배운 사람은 누구나 반드시 부자가 된다.

다음 사실을 생각해보라. 그러면 내가 한 말이 진실임을 알 수 있을 것이다.

부자가 되는 것은 환경 때문이 아니다. 만일 환경 때문에 부자가 된다면 특정한 지역에 사는 사람은 모두 부자가 될 것이다. 어느 도시에 사는 사람은 모두 풍요로운 삶을 영위하고, 다른 도시에 사는 사람은 모두 가난에 시달릴 것이다. 한나라에 사는 국민은 모두 부를 누리고, 다른 나라 국민은 가난 속에 살아갈 것이다.

그러나 세계의 어떤 도시나 국가를 보더라도 똑같은 환경 속에 부자도 있고 가난한 사람도 있다. 또 그 두 부류가 같은 직종에 종사하는 경우도 많다. 두 사람이 같은 지역에서 같은 직업에 종사하며 사는데도, 한 사람은 부자이고 다른 사람은 가난하게 살아가는 것을 우리는 종종 목격하지 않는가? 이를 보면 부자를 결정하는 요인은 환경이 아님을 알 수 있다. 물론 어떤 사람이 다른 사람보다 더 유리하고 좋은 환경에 살 수는 있다. 그러나 같은 지역에 살며 같은 직종에서 일하는 두 사람 가운데 한 명은 풍요로운 삶을 살고 다른 한 명은 가난에 허덕이는 사실을 보면, 특정한 방식으로 행동하는지의 여부가 부자를 결정한다는 것을 알 수 있다.

특정한 방식으로 행동하기 위해서 반드시 재능이 뛰어나야 하는 것도 아니다. 남보다 탁월한 재능을 타고났는데도 가난하게 사는 사람들, 또는 별다른 재능이 없는데도 결국 부자가 되는 수많은 사람을 떠올려보라. 부자가 된 사람들을 연구해보면, 그들이 어느 모로 보나 평균적인 사람임을 알 수 있다. 다시 말해 남들보다 대단히 뛰어난 재능과 능력을 갖고 있지는 않다는 얘기다. 그들은 남들이 못 가진 재능이나 능력을 지녀서 부를 누리게 된 것이 아니다. 바로 특정한 방식을 실천했기 때문에 부자가 된 것이다. 꼭 저축하거나 검약한 생활을 하는 것이 부자가 되는 길은 아니다. 극도로 아끼며 검소하게 사는데도 가난에서 헤어나지 못하는 사람도 많고, 마음껏 돈을 쓰는데도 부자가 되는 사람도 많지 않은가? 남들이 하지 않는 일을 해야 부자가 되는 것도 아니다. 같은 직종에 있는 두 사람이 거의 같은 일을 하는데, 한 사람은 부유해지고 다른 한 사람은 가난하거나 심지어 파산하는 경우를 생각해보라.

이 모든 것을 생각해볼 때, 우리는 특정한 방식으로 행동해야 부자가 된다는 결론에 이를 수밖에 없다. 특정한 방식으로 행동해야 부자가 된다면, 그리고 같은 원인이 언제나 같은 결과를 낳는다면, 이는 곧 특정한 방식을 실천하는 사람은 누구나 부자가 된다는 의미다. 그러므로 이러한 모든 것은 정밀 과학의 영역에 속하는 지혜다.

그런데 이런 의문이 들지도 모른다. 그 특정한 법칙이 너무 어려워서 오로지 소수의 사람만 실천할 수 있는 것은 아닐까? 하지만 절대 그렇지 않다. 재능 있는 사람도, 머리가 나쁜 사람도 부자가 될 수 있다. 또 총명한 사람도, 미련한 사람도,

육체가 강건한 사람도, 나약하거나 병든 사람도 얼마든지 부자가 될 수 있다. 물론 생각하고 이해하는 능력은 어느 정도 필요하다. 그러나 내가 설명하는 내용을 이해할 수 있을 정도의 인식력만 있다면 누구든지 반드시 부자가 될 수 있다. 부자가 되는 것은 환경 때문이 아니라고 말했지만, 어느 지역에 사는가는 조금 중요하다. 사하라 사막 한가운데서 장사를 하여 크게 성공하리라 기대할 수는 없을 테니까 말이다.

부자가 되는 과정에는 사람들과 관계를 맺는 일이 수반되며, 당신 주변에는 적절한 관계를 맺을 사람들이 있어야 한다. 그리고 만일 그들이 당신이 원하는 방향으로 관계를 맺어준다면 더할 나위가 없을 것이다. 하지만 환경과 여건의 중요성은 그 정도까지다.

당신이 사는 도시의 누군가가 부자가 되었다면 당신도 부자가 될 수 있고, 당신이 사는 나라의 누군가가 부자라면 당신 역시 부자가 될 수 있다. 거듭 강조하지만, 특정한 직업이나 사업을 선택한다고 해서 부유해지는 것이 아니다. 어떤 사업을 하든, 어떤 직업을 가지든 누구나 부유해질 수 있다.

같은 직종에 있다 해도 특정한 법칙을 실천하지 않는 사람은 가난해진다. 물론 당신은 스스로 좋아하고 적성에 맞는 분야에서 최상의 실력을 발휘할 수 있을 것이다. 어떤 특정한 재능을 지녔다면 그 재능을 발휘할 수 있는 직종에서 좋은 결과를 낼 가능성이 크다. 그리고 자신의 지역에 알맞은 사업을 할 때 수익을 올릴 가능성이 더 큰 것 또한 사실이다. 아이스크림 가게는 그린란드가 아니라 더운 지역에서 장사가 더 잘 되기 마련이고, 연어잡이를 하는 어부라면 연어가 별로 없는 플로리다가 아니라 미국 북서쪽 해안에서 활동해야 큰 성공을 거둘 것이다.

하지만 이런 일반적인 한계 요인의 영향을 제외하고, 부자가 되는 것은 어떤 특정한 사업이나 직업에 종사하느냐 여부에 좌우되지 않는다. 단지 특정한 방식으로 행동하느냐에 달려 있을 뿐이다.

당신과 같은 지역에 살며 똑같은 직업을 가진 누군가가 있다고 치자. 그 사람은 부유한데 당신은 가난에 시달리고 있다면, 그것은 그 사람이 특정한 방식으로 행동한 반면 당신은 그렇게 하지 못했기 때문이다. 가진 재산이 적다고 해서 부자가 될 수 없는 것도 아니다. 물론 어느 정도 자본을 소유한 사람은 더 쉽고 빠르게 부를 늘릴 수 있다.

현재 당신이 얼마나 가난하든 상관없다. 특정한 방식으로 행동하기만 하면 틀림없이 부자가 될 수 있다. 자본을 소유하는 것은 부자가 되는 과정의 일부이며, 특정한 방식으로 행동하는 것이 가져오는 결과의 일부이다. 이 나라에서 가장 가난한 사람이든, 엄청난 빚더미에 앉아 있는 사람이든, 친구도 영향력도 자산도 없는 사람이든, 그 누구라도 내가 말하는 법칙만 따르면 부의 주인이 된다. 같은 원인은 같은 결과를 낳기 때문이다. 돈이 궁하다면 돈이 흘러들어오기 시작할 것이다. 잘못된 직업을 갖고 있다면 좋은 일자리로 옮겨가게 될 것이다. 또 마음에 들지 않는 동네에 살고 있다면 훌륭한 동네로 이사 가게 될 것이다. 지금 당신이 일하는 곳에서, 지금 당신이 있는 장소에서 내가 소개하는 특정한 방식을 실천하기 시작하라. 그러면 그 모든 변화가 당신을 찾아올 것이다.

"

가난함은 시(詩) 속에서는 아름답지만,
집안에서는 흉하다.
가난함은 맑은 것처럼 들리지만,
실생활에서는 비참한 것이다.

서양 격언

"

66

신이 자신이 창조한 세계를 파괴하여
무효화시킬 의도를 갖고
있지 않은 한, 부와 생명력의 공급이
부족해지는 일은 없다.
인간이라는 종에게는 언제나 풍부하게
넘치는 부가 존재한다.
당신이 가난해지는 이유는 부자가
되는 특정한 방식을 실천하지 않았기
때문이다.

99

3

부자가 될 기회

처음에 기회를 빼앗겼다고 해서, 또는 다른 이들이 부를 독점한 다음 그 주변에 울타리를 치고 접근을 막는다고 해서 당신이 영영 부자가 될 수 없다고 생각하지 마라. 당신이 어떤 특정 사업 분야에 참여할 수 있는 길은 막혀 있을지도 모르지만, 다른 길들은 얼마든지 당신을 향해 열려 있다.

제철공장에서 일하는 노동자가 갑자기 그 공장의 사장 자리에 오를 가능성은 거의 없다. 하지만 특정한 방식으로 행동하기 시작한다면 곧 공장을 떠나 새로운 기회를 찾을 수도 있다. 예컨대 넓은 농장을 사들인 후에 식품을 생산하는 사업을 시작할 수도 있다. 소규모 농장을 운영하는 사람은 다양한 기회를 붙잡을 수 있다. 그런 사람은 반드시 부자가 된다. 농장을 사들여 그 주인이 되는 일이 불가능하다고 여겨지는가? 하지만 나는 그것이 절대로 불가능하지 않음을 보여주겠다. 방법은 하나다. 즉 특정한 법칙을 실천하기만 하면 당신도 얼마든지 농장을 소유할 수 있다.

기회의 흐름은 사회가 필요로 하는 바에 따라, 그리고 사회의 발전 단계에 따라 시대마다 다양한 방향으로 움직인다. 흐름을 거슬러 올라가지 않고 흐름을 따라가는 사람이 되어야만 더 많은 기회를 붙잡을 수 있다.

부의 공급량이 부족해서 가난한 사람이 생긴다고 생각하는가? 절대 그렇지 않다. 이 세상에는 모두가 누리고도 남을 만큼 풍부한 부가 존재한다. 조금 과장되게 말하자면 미국에 있는 건축 자재만 가지고도 지구상 모든 사람에게 워싱턴

D.C.의 국회의사당만큼 크고 넓은 저택을 지어줄 수 있다. 또 효율적인 경작만 행해지면 세계 모든 사람이 입을 충분한 양모와 면화, 린넨, 실크를 직조할 수 있고 모든 사람이 배부르고 만족스럽게 먹을 음식을 생산할 수 있다.

우리가 눈으로 볼 수 있는 부의 공급량은 거의 무한하며, 눈으로 볼 수 없는 공급량도 실제로 무한하다. 우리 눈에 보이는 모든 존재는 하나의 물질에서 유래했으며 모든 만물은 그 물질에서 나온다. 새로운 존재와 형태들이 끊임없이 생성되고 과거의 형태들은 해체되고 없어진다. 하지만 그 모든 것은 근본물질의 다른 표현일 뿐이다. 특정한 형태를 지니지 않은 이 근본물질의 공급량은 무한하다. 우주 역시 근본물질에서 만들어졌다. 하지만 우주가 창조되는 과정에서 근본물질이 전부 사용되어 없어지지는 않았다. 우리가 볼 수 있는 모든 만물들 사이의 공간에는 만물의 원재료인 근본물질이 가득 차 있다. 이미 존재하는 것, 이미 만들어진 것들의 수만 배를 만드는 일도 얼마든지 가능하며, 그런 후에도 근본물질은 절대 고갈되지 않는다.

업(業)을 시작할 수도 있다. 소규모 농장을 운영하는 사람은 다양한 기회를 붙잡을 수 있다. 그런 사람은 반드시 부자가된다. 농장을 사들여 그 주인이 되는 일이 불가능하다고 여겨지는가? 하지만 나는 그것이 절대 불가능하지 않음을 보여주겠다. 방법은 하나다. 즉 특정한 법칙을 실천하기만 하면 당신도 얼마든지 농장을 소유할 수 있다.

기회의 흐름은 사회가 필요로 하는 바에 따라, 그리고 사회의 발전 단계에 따라 시대마다 다양한 방향으로 움직인다. 흐름을 거슬러 올라가지 않고 흐름을 따라가는 사람이 되어야만 더 많은 기회를 붙잡을 수 있다.

부의 공급량이 부족해서 가난한 사람이 생긴다고 생각하는가? 결코 그렇지 않다. 이 세상에는 모두가 누리고도 남을만큼 풍부한 부가 존재한다. 조금 과장되게 말하자면 미국에 있는 건축 자재만 가지고도 지구상 모든 사람에게 워싱턴D.C.의 국회의사당만큼 크고 넓은 저택을 지어줄 수 있다. 무형의 존재는 지적인 능력을 가졌으며 생각하는 존재다. 그것은 생명력으로 넘치며 언제나 더 커다란 생명력을 향해 나아간다.

자연에 있는 자원이 부족해서, 또는 모두에게 돌아갈 만큼 충분한 부가 존재하지 않아서 사람이 가난해지는 것이 아니다. 자연에는 부가 무한하게 저장되어 있으며, 따라서 부의 공급은 언제까지고 계속된다. 근본물질은 창조적 에너지로 가득하기 때문에 끊임없이 존재와 형태를 만들어낸다. 건물을 짓는 데 필요한 재료가 부족해졌다고 걱정할 필요가 없다. 자연스럽게 필요한 재료가 생성될 것이다. 토양이 피폐해져서 음식이나 의복을 만드는 데 필요한 재료들이 자라나지 못하게 되면, 토양이 새롭게 재생되거나 더 많은 흙이 만들어질 것이다. 인류 사회에 금과 은이 여전히 필요한데 땅속에 묻힌 금과 은을 모두 캐낸 상태라면, 자연스레 더 많은 금과 은이 만들어질 것이다. 무형의 존재인 근본물질은 인간이 필요로 하는 바에 맞춰 그것을 우리에게 전해준다. 근본물질은 결코 인간이 좋은 것들을 얻거나 누리지 못하고 살아가게 내버려 두지 않는다.

인간이라는 종에게는 언제나 풍부하게 넘치는 부가 존재한다. 한 개인이 가난해지는 이유는 그가 부자가 되는 한 방식을 실천하지 않았기 때문이다. 무형의 존재는 지적인 능력을 갖췄으며 생각하는 존재다. 그것은 생명력으로 넘치며 언제나 더 커다란 생명력을 향해 나아간다. 더 많은 생명력을 얻고자 하는 것은 생명체의 자연스럽고 본능적인 욕구다. 우리가 지능을 높이고 인식의 한계를 확장하고 자신을 보다 충만하게 표현할 방법을 찾는 것도 자연스러운 이치다. 이 세상의 만물은 살아 있는 무형의 물질에서 기인했으며, 그 물질은 보다 충만하게 자신을 발현하기 위해서 세상의 여러 형태를 만들었다.

우주는 살아 있는 거대한 생명체로서, 언제나 더 많은 생명력과 충만한 기능을 향해 나아간다. 자연은 생명체의 발전과 진보를 위해 존재한다. 자연은 생명력을 증진시키려는 강력한 동기와 욕구를 지니고 있다. 따라서 생명을 추구하는 모든 존재는 언제나 충분한 공급을 받을 수 있다. 신이 자신이 창조한 세계를 파괴하여 무효화시킬 의도를 갖지 않는 한, 부와 생명력의 공급이 부족해지는 일은 없다.

　부의 공급이 부족해서 가난해지는 것이 결코 아니다. 특정한 법칙에 따라 생각하고 행동하는 사람은 누구든지 무형의 근본물질을 사용할 수 있다. 나는 앞으로 그 방법을 자세히 설명할 것이다.

"

사람의 마음을 상하게 하는
세 가지가 있다. 고민과 언쟁 그리고
비어 있는 돈지갑이다.
그중에서도 비어 있는 돈지갑이
가장 크게 상처를 입힌다.

서양 격언

"

66

우리는 원하는 것을 창조할 수 있고,
원하는 것은 소유할 수 있으며,
원하는 존재가 될 수 있다.

99

4

지혜의 세 가지 원칙

'생각'은 무형물질에서 유형의 부를 창조할 수 있게 만드는 유일한 힘이다. 만물의 근원인 이 무형물질은 생각하는 능력을 지녔다. 그리고 이 물질이 어떤 형태를 생각하면 그 형태가 실제로 생겨난다. 근본물질은 그것이 생각하는 방향에 따라 움직인다. 우리가 자연에서 목격할 수 있는 모든 형태와 과정은 근본물질 내에 있는 생각이 가시적으로 표현된 결과물이다. 다시 말해, 무형의 근본물질이 어떤 특정한 형태를 생각하면 그 형태가 되고, 어떤 움직임을 생각하면 그 움직임이 나타난다. 바로 이와 같은 방식으로 세상 만물이 만들어진 것이다.

우리는 사고의 세계에 살고 있고, 그 세계는 사고하는 우
주의 일부다. 움직이는 우주에 대한 생각이 무형물질 전체에
퍼진 다음, 그 생각에 따라 움직이는 '생각하는 물질'이 태양계
라는 형태를 취했으며, 지금까지 그 형태를 유지하는 것이다.
생각하는 물질은 생각하는 형태가 되고 그것이 사고하는 대로
움직인다.

생각하는 물질이 다양한 천체들로 이루어진 태양계를 생
각하면 그러한 형태가 되고, 자신의 생각대로 그것들을 움직
인다. 또 비록 수 세기가 걸린다 해도, 천천히 자라나는 떡갈나
무의 형태를 생각한 다음 그 과정에 적절하게끔 움직여서 떡
갈나무를 만들어낸다. 어떤 존재를 창조해내기 위해, 이 무형
의 생각하는 물질은 이미 정해져 있는 일련의 운동과정에 따
라 움직인다. 물론 떡갈나무를 생각한다고 해서 하루아침에
완전히 자란 나무가 창조되지는 않는다. 하지만 정해진 성장
과정을 따라 나무를 생성시키는 어떤 힘과 원리가 작동할 수

있도록 작용한다. 생각하는 물질 속에서 어떤 형태에 대한 사고가 생겨나면 이는 그 형태의 실제적인 창조로 이어진다.

어떤 집에 대한 생각이 무형물질에 각인된다고 해서 대번에 땅 위에 집이 건축되지는 않는다. 그러나 이미 작동하고 있는 창조적인 에너지를 특정한 통로로 흘러가게 만들어서, 집을 빠른 속도로 지어 완성할 수 있게 만든다. 만약에 그런 통로가 없다면, 근본물질에서 직접 집이 만들어질 것이다. 유기물과 무기물로 이루어진 세계에서 천천히 진행되는 과정을 기다릴 필요 없이 말이다. 어떤 형태에 대한 생각이 근본물질에 심어지면 반드시 그 형태가 현실 세계에서 창조된다.

인간은 생각하는 존재다. 인간이 손으로 제작한 물건은 그어떤 것이든 처음엔 생각 속에서 존재했던 것이다. 다시 말해, 해당 물건을 머릿속으로 생각하지 않으면 그것을 만들어 낼수 없다. 그런데 지금까지 인간은 손으로 하는 노동이나 작업과 관련해서만 그런 노력을 기울였다. 육체노동을 통해 수 많은 물건들을 만들어내고, 또 이미 존재하는 것들을 변화시키고 개조했다. 하물며, 자신의 생각을 무형물질에 각인하여 새로운 형태를 창조하려고 시도한 적이 없다. 인간은 모종의 형태를 생각할 때, 그저 자연에 존재하는 재료를 이용해 머리에 떠오른 형태의 이미지를 만들 뿐이다. 지금까지는 무형의 생각하는 물질과 협력하려는 시도를, 즉 '신과 협력하려는' 시도를 거의 또는 전혀 하지 않았다. '신이 하는 일을' 자신도 할 수 있다는 생각을 꿈에도 해보지 못한 것이다. 인간은 단지 육체의 힘을 사용하여 기존의 형태와 존재들을 변형시키고 수정할 뿐이었으며, 무형의 근본물질과 교감함으로써 무언가를 창조할 수 있다는 생각은 전혀 하지 못했다. 하지만 나는 인간이 그런 일을 할 수 있으며, 어떻게 할 수 있는지에 대한 방법을 설명하려고 한다.

먼저 세 가지 중요한 원칙을 소개하겠다.

무형의 근본물질이 존재하며 세계의 모든 존재는 그 근본물질에서 만들어진다. 서로 달라 보이는 세상의 모든 존재와 요소들은 같은 물질이 다르게 표현된 것일 뿐이다.

유기물과 무기물 세계에 존재하는 수많은 형태들은 다른 모양을 띠고 있지만 동일한 물질에서 나왔다. 바로 '생각하는 물질' 말이다. 그 생각하는 물질이 무언가를 사고하면 그와 똑같은 형태가 창조된다. 인간 역시 생각하는 존재다. 따라서 자신의 생각을 근본물질로 보내면, 자신이 생각한 형태를 창조할 수 있다. 이를 세 가지 핵심으로 요약하면 다음과 같다.

하나. 생각하는 근본물질이 존재하며, 세상 모든 만물은 이 물질에서 만들어진다. 또 이 물질은 우주의 모든 공간에 침투하고 스며들어 그곳을 가득 채우고 있다.

둘. 이 물질에 사고가 각인되면, 그 사고에 의해 그려진 존재가 창조된다.

셋. 인간은 머리로 사고할 수 있다. 따라서 그 생각을 무형의 물질에 각인하면 생각하는 대상을 창조할 수 있다.

이 말이 진실인지 증명해 보일 수 있느냐고 묻고 싶은 독자도 있을지 모른다. 하지만 나는 굳이 세세한 설명을 덧붙이지 않아도 "그렇다."라고 자신 있게 답할 수 있다. 실제 경험과 논리적 검증으로 그 진실성을 입증할 수 있다. 형태 달팽이라는 개념에서 거꾸로 추론해보면, 자연스럽게 생각하는 근본 물질에 도달하게 된다. 또 생각하는 근본물질에서부터 추론해나가더라도, 인간이 스스로 생각하는 형태를 창조할 수 있는 능력을 지녔다는 사실에 이르게 된다.

무엇보다 경험과 실증을 통해 나는 이러한 추론이 옳다는 것을 알 수 있다. 또 그것이야말로 가장 확실한 증거일 것이다. 만일 누군가 책을 읽고 그 내용을 실천하여 부자가 된다면, 이는 내 주장을 뒷받침해주는 증거가 된다. 만일 이 내용을 실천한 사람들이 모두 부유해진다면, 누군가 실패하는 사람이 나타나기 전까지는 그 역시 내 주장이 옳다는 증거가 된다. 실패하는 사람이 나오지 않는 한 내 이론은 진실이며 사실이다. 그리고 내가 말하는 방법은 절대 실패하지 않으며, 이 책에서 설명하는 원칙을 실천하는 사람은 누구나 부의 주인이 될 수 있다.

특정한 방식으로 행동하기 위해서는 특정한 방식으로 생

각할 줄 알아야만 한다. 인간의 행동은 그가 생각하는 방식이 낳은 결과물이다. 원하는 방식으로 행동하려면, 먼저 원하는 대로 생각할 줄 알아야 한다. 이것이 바로 부자가 되기 위한 가장 첫 번째 단계다. 원하는 바를 생각하는 것은 곧 외양이나 표면적 요소와 관계없이 '진실'을 생각하는 것을 의미한다. 사람은 누구나 원하는 바를 생각할 수 있는 능력을 타고났다. 하지만 눈에 보이는 외양이 유발하는 것을 생각하는 일은 쉽지만, 원하는 바를 생각하는 데에는 훨씬 많은 노력이 필요하다. 즉, 눈에 보이는 것들을 토대로 생각하는 일은 쉽다. 하지만 겉모습과 상관없이 진실을 생각하기 위해서는 그 어떤 일을 할 때보다도 많은 노력을 기울여야 한다.

대부분의 사람이 가장 싫어하는 일 중에 하나는 지속적으로 꾸준하게 사고하고 실천하는 것이다. 이는 세상에서 힘들고 귀찮은 일이다. 특히 진실과 외양이 다를 때에는 더욱 그렇다. 세상의 모든 겉모습과 외양은 사람 마음속에 그에 상응하는 유사한 형태를 생성시킨다. 그리고 진실을 생각하고 머릿속에서 놓지 않아야만 그런 일을 막을 수 있다.

질병이라는 겉모습을 보면 우리 마음속에, 그리고 결국엔 신체에도 질병이라는 형태가 만들어진다. '질병이란 존재하지 않는다'라는 진실을 마음속으로 계속 생각하지 않는 한 말이다. 질병은 겉모습이며, 우리가 생각해야 할 진실은 건강이다. 마찬가지로, 가난이라는 겉모습에 눈을 돌리는 순간 우리 마음에는 그와 똑같은 성질과 형태가 생성된다. '가난은 존재하지 않고 풍족함만이 존재한다'라는 진실을 생각하지 않는 한 말이다. 질병이나 가난이라는 겉모습에 둘러싸인 상태에서 건강이나 풍요라는 진실을 생각하려면 당연히 노력이 필요하다. 하지만 기꺼이 그런 노력을 기울이는 사람은 '마음의 주인'이 된다. 그리고 마음의 주인이 되면, 운명과 불운을 헤치고 원하는 바를 성취할 수 있다.

이러한 능력을 가지려면 모든 겉모습과 외양 뒤에 있는 근본적인 진실을 이해해야 한다. 즉 생각하는 근본물질이 존재하며 모든 만물이 거기에서 나왔다는 사실 말이다. 이 근본물질에 생각이 담기면 그것이 형태를 만들어내고, 인간이 자신의 생각을 근본물질에 각인하면, 그 생각이 형태가 있는 가시적인 존재를 만들 수 있다는 사실이다.

일단 이와 같은 사실을 받아들이고 나면 그 어떤 의심과 두려움도 떨쳐낼 수 있다. 우리는 원하는 것을 창조할 수 있고, 원하는 것을 소유할 수 있으며, 원하는 존재가 될 수 있다는 사실을 알게 되기 때문이다. 부자가 되고자 한다면, 앞에서 말한 세 가지 법칙을 의심 없이 믿어야 한다. 이 법칙들은 너무나도 중요하므로 다시 반복하겠다.

하나. 생각하는 근본물질이 존재하며, 세상 모든 만물은 이 물질에서 만들어진다. 또 이 물질은 우주의 모든 공간에 침투하고 스며들어 그곳을 가득 채우고 있다.

둘. 이 물질에 사고가 각인되면, 그 사고에 의해 그려진 존재가 창조된다.

셋. 인간은 머리로 사고할 수 있다. 따라서 그 생각을 무형의 물질에 각인하면 생각하는 대상을 창조할 수 있다.

이외에 다른 모든 법칙과 개념은 잊어라. 이 법칙들이 완전히 머릿속에 자리 잡아 습관적으로 떠올릴 수 있을 때까지, 마음속으로 되뇌고 또 되뇌어라.

위의 세 법칙을 읽고 또 읽어라. 한 단어 한 단어 마음에 새기고, 완전한 믿음이 될 때까지 깊이 숙고하라. 신념에 혼란이 생기면 당신이 기울인 모든 노력은 헛되고 무의미해진다. 위의 원칙들이 왜 진리인지 그저 믿고 받아들여라. 부자가 되는 과학은 이 진실을 온전히 받아들이고 믿는 데에서 시작되기 때문이다.

66

우주는 당신이 원하는 모든 것을
소유하기를 바라며,
자연은 당신의 목적과 계획이
이뤄지기를 바란다.
세상 모든 만물이 당신의 편이다.
부디 이 말이 진실임을 믿어라.
그러나 중요한 것이 하나 있다.
당신의 목적이 우주의 목적과
조화를 이루어야 한다.

99

5

생명력을 키우는 지혜

우주가 당신을 가난 속에 살도록 운명지었다는 생각, 또는 당신이 가난하게 사는 것이 우주의 목적에 부응하는 것이라는 생각은 크게 잘못된 것이다. 혹시라도 마음속에 그런 생각이 있다면 조금의 흔적도 남지 않도록 지워버려라. 생각하는 근본물질은 만물에 내재하며 따라서 당신 안에도 존재한다. 이 근본물질은 '살아 있는' 존재다. 따라서 생명력을 높이고 증진하려는 자연스럽고 본래적인 욕구를 갖고 있다. 살아 있는 모든 존재는 끊임없이 자신의 생명력을 키우려고 애쓴다. 생명체는 산다는 행위 자체를 위해서라도 스스로의 생명력을 키워야 하기 때문이다.

식물의 씨앗을 생각해보라. 씨앗은 땅에 뿌려진 다음 자라나기 시작해서 살아가는 동안에 또 다른 수많은 씨앗을 만들어낸다.

생명체는 살아가는 행위 그 자체를 통해 스스로를 늘리고 키워간다. 언제나 '더 크고 많은 상태'를 향해 나아가는 것이다. 생명체는 자신의 존재를 지속하려면 그렇게 할 수밖에 없다. 우리의 지능도 이와 마찬가지다. 즉 끊임없이 증가하고 커지려는 성질을 갖고 있다. 우리가 머릿속으로 어떤 생각을 하면 이는 금세 또 다른 생각을 불러일으키며, 그러면서 우리의 사고력과 의식은 계속 확장한다. 또 무언가를 학습하면 이내 또 다른 사실을 배우게 되므로, 우리의 지식은 계속 증가한다. 어떤 재능을 계발하면 또 다른 재능을 계발하고 싶은 마음이 생겨나기 마련이다. 이렇듯 우리는 생명력과 확장에 대한 강렬한 욕구를 지니며, 이는 더 많이 알고 더 많이 행동하고 더 발전된 존재가 되게 우리를 인도한다.

더 많이 알고 더 많이 행동하고 더 발전된 존재가 되기 위해서, 우리는 먼저 더 많은 것을 가져야 한다. 배우고 행동하고 발전하려면 그 과정에서 사용할 물질이 필요하기 때문이다. 다시 말해, 스스로를 최대한 실현하는 삶을 살기 위해서는 부자가 되어야 한다.

부자가 되고 싶은 마음을 갖는다는 것은 보다 충만한 삶을 실현하기 위한 능력을 지녔음을 의미한다. 우리가 가진 모든 욕망은 발현되지 않은 가능성을 실현하려는 노력이다. 또한 욕망을 생겨나게 만드는 것은 자신을 표현하려는 힘이다.

당신으로 하여금 더 많은 부를 원하게 만드는 힘과 땅에서 식물이 자라게 만드는 힘, 그 둘은 똑같은 것이다. 그것은 바로 생명력, 보다 완전한 발현을 추구하는 생명력이다.

살아 있는 존재인 '생각하는 물질'은 이처럼 모든 생명체에 내재되어 있는 본래적 법칙에 따라 움직인다. 즉 이 물질은 온통 생명력을 키우려는 욕구로 가득 차 있다. 이 물질은 당신 내면에 더욱 많은 생명력을 불어넣길 원하며, 당신이 사용할 수 있는 모든 것들을 소유하길 원한다.

신은 당신이 부자가 되기를 간절히 바란다. 당신이 많은 물질을 갖고 있어야만, 삶에 필요한 다양한 수단과 물질을 갖고 자유롭게 쓸 수 있어야만, 당신이라는 존재를 통해 신을 더 잘 표현할 수 있기 때문이다.

우주는 당신이 원하는 모든 것을 소유하기를 바라며, 자연은 당신의 목적과 계획이 이뤄지기를 바란다. 세상 모든 만물이 당신의 편이다. 부디 이 말이 진실임을 믿으라. 그러나 중요한 것이 하나 있다. 당신의 목적이 우주의 목적과 조화를 이루어야 한다. 당신은 단순한 감각적 쾌락이 아니라 진정한 삶을 추구해야 한다. 삶은 진정한 삶을 향해 수행하는 과정이며, 우리는 육체적, 정신적, 영적 기능을 온전히 수행해야만 진정한 삶을 살 수 있다. 단, 그 셋 중 어느 하나에 과도하게 치우치는 것은 바람직하지 않다.

　살찐 돼지처럼 살기 위해, 동물적 욕구를 채우기 위해서 부자가 되려고 하지 말라. 그런 삶은 결코 진정한 삶이 아니다. 하지만 모든 육체적 기능을 적절하게 유지하는 일은 필요하다. 신체가 필요로 하는 바를 정상적이고 건강한 방식으로 실현하지 못하는 사람은 제대로 된 삶을 살기 힘들다. 또 정신적 즐거움만을 위해서, 지식을 얻고, 야망을 충족시키고, 남보다 잘난 사람이 되고, 세상의 명예를 얻기 위해서 부자가 되려고 하지도 말라. 이러한 욕구들도 자연스럽고 당연한 삶의 일부이지만, 단순히 정신적 만족과 즐거움만 좇는 사람은 불완전한 삶에 머물게 된다. 그런 사람은 절대로 온전한 만족을 경험할 수 없다. 또 오직 남에게 유익을 주기 위해서 부자가 되고 싶어하는 것도 바람직하지 않다. 자기 자신을 희생하여 인류를 구원하기 위해, 자선과 희생의 즐거움을 느끼기 위해 부자가 되려고 하지 말라. 영혼의 기쁨은 삶의 일부일 뿐, 삶의 다른 영역보다 더 훌륭하고 더 고귀한 것은 아니다.

적절한 정도로 먹고 마시고 즐기기 위해서 부를 얻고자 해야 한다. 주변을 아름다운 것들로 채우고, 먼 곳을 여행하며 구경하고, 정신을 살찌우고, 지성을 계발하기 위해서 부자가 되고자 해야 한다. 또 주변 사람들을 사랑하고 그들에게 좋은 일을 행하기 위해서, 세상 사람들이 진실을 깨닫도록 도와주기 위해서 부를 얻고자 해야 한다.

하지만 이것만은 명심하라. 지나친 이기주의를 피해야 하듯이 지나친 이타주의 또한 경계해야 한다. 두 가지 모두 옳지 않다. 신께서 당신이 타인을 위해 스스로를 희생하길 원한다고 생각하는가? 결코 그렇지 않다. 남을 위해 당신 자신을 버리면 신의 은총과 사랑을 얻을 것이라 착각하지 말라. 그런 것은 신이 원하는 바가 아니다.

신은 당신이 자신의 최대치를 실현하길 간절히 원한다. 이는 결국 당신에게도, 타인에게도 이로운 결과를 가져다 준다. 다시 말해, 당신 자신을 최대한 실현하는 것이야말로 타인을 돕는 가장 빠르고 효과적인 길이다. 그런데 자신을 최대한 실현하려면 먼저 충분한 부를 소유하고 있어야 한다. 그러므로 무엇보다도 부를 얻기 위해 노력을 기울이고 집중하는 것은 마땅히 옳고 칭찬해야 할 일이다.

근본물질이 지닌 바람과 욕구는 모든 만물과 존재에 똑같이 적용된다는 점을 기억하라. 그것은 모든 존재의 생명력을 키우기 위해 움직인다. 그 어떤 존재의 생명력도 줄어들게 만들지 않으며, 모든 만물에 똑같이 내재하면서 풍요로움과 생명력을 추구한다. 생각하는 물질은 당신을 위한 것들을 만들어낸다. 하지만 다른 사람이 지닌 것을 빼앗아 당신에게 전해주는 것이 아니다. 그러므로 마음속에서 경쟁에 대한 생각을 떨쳐버려라. 당신이 해야 할 일은 창조하는 것이지 이미 만들어져 있는 무언가를 얻기 위해 경쟁하는 것이 아니다. 남이 가진 것을 빼앗을 필요가 없다. 또 유리한 것을 얻기 위해 흥정할 필요도, 타인을 속이거나 이용할 필요도 없다. 적은 보수를 주면서 타인에게 당신을 위해 일하도록 만들 필요도 없다. 타인의 재산을 부러운 눈으로 바라보며 갈망할 필요도 없다. 당신도 남이 가진 것과 똑같은 것을 얼마든지 소유할 수 있다. 당신은 경쟁하는 사람이 아니라 창조하는 사람이 되어야 한다. 그리고 당신이 원하는 것을 가지면, 다른 사람들도 지금 가진 것보다 더 많은 것을 가지게 된다.

내가 말한 것과 반대되는 방법을 이용해 엄청난 부를 쌓은 사람들이 있다는 사실을 나도 잘 안다. 그러므로 그와 관련해 몇 마디 해두어야겠다. 많은 사람이 타인과의 경쟁에서 탁월한 능력을 발휘해 승리함으로써 높은 자리에 오르거나 재벌이 된다. 그리고 때때로 그들은 산업 발전을 통해 인류 전체를 발전시킨다는 자신들의 고귀한 목적을 무의식적으로 근본물질의 목적에 부합시킨다. 다시 말해서 록펠러, 카네기, 모건 등을 비롯한 비즈니스 거물들은 산업계를 조직하고 체계적으로 발전시키는 과정에서 무의식적으로 신의 대리인 역할을 수행하는 셈이다. 그리고 결국 그들이 이루어 놓는 일은 우리 모두의 삶의 질을 증진시키는 데 크게 도움이 된다. 이와 같은 대리인들은 계속 나타나고 또 계속해서 사라질 것이다.

억만장자들은 선사시대의 공룡과 비슷한 존재다. 그들은

역사의 진화 과정에서 마땅히 필요한 역할을 하지만, 그들을 창조해 존재하게 만든 초월적 절대자는 언제든 그들을 소멸시킨다. 그리고 대개의 경우 그들은 진정으로 부유하고 풍요로운 삶을 영위하지는 못한다는 사실을 기억하라. 그런 부자들의 개인적인 삶을 살펴보면 종종 비참하고 불행한 측면이 많음을 알 수 있다. 남과의 경쟁을 바탕으로 획득한 부는 진정한 만족을 주지 못하며 영원하지도 않다. 그 부는 오늘은 내 것일지 몰라도 내일이면 타인의 것이 된다.

기억하라. 부자가 되고 싶은 사람은 경쟁하려는 생각을 완전히 버려야 한다. 부의 공급량에 한계가 있다는 생각은 단 한 순간도 하지 말라. 모든 돈이 금융전문가를 비롯한 타인들에 의해 독점되고 통제된다고 생각하는 순간, 그런 상황을 바꾸기 위해 노력해야 한다고 생각하는 순간, 당신은 경쟁 마인드에 휩싸이게 되고 창조할 수 있는 능력은 영영 사라지고 만다. 게다가 이미 시작된 창조적 움직임까지도 억제하는 결과를 가져온다.

땅속에 아직 채굴되지 않은 막대한 양의 금이 묻혀 있다는 사실을 잊지 말라. 만일 땅속에 금이 충분치 않다고 해도, 생각하는 물질로 인해 당신에게 필요한 양이 만들어질 것이다. 당신에게 필요한 돈은 반드시 생겨날 것임을 기억하라. 새로운 금광을 발견하기 위해 1,000명의 인력이 동원되어야 하더라도 말이다. 겉으로 보이는 부의 양에 신경 쓰지 말라. 언제나 무형의 근본물질이 창조해내는 무궁무진한 부를 생각하라. 그리고 그 부가 곧 당신에게 찾아온다는 사실을 믿어라. 그 누구도 눈에 보이는 부를 통제하고 독점하여, 당신이 부를 갖지 못하게 막을 수는 없다.

당신이 집을 지을 준비를 다 마치기도 전에, 다른 누군가가 집 지을 좋은 땅들을 전부 독차지해버릴 거라는 생각은 하지 말라.

대기업들이 가진 힘과 권력에 대해 걱정하지 말라. 그들이 온 세상의 부를 차지할지 모른다는 두려움은 쓸데없는 것이다. 다른 누군가에게 패배하여 당신이 원하는 바를 잃을 것이라는 걱정도 버려라. 그런 일은 절대 일어나지 않는다. 당신은 타인이 소유한 무언가를 좇을 필요가 없다. 근본물질을 통해 당신이 원하는 것을 창조할 수 있으며, 부의 공급량은 무한하기 때문이다.

다음 사실을 절대 잊지 말라.

하나. 생각하는 근본물질이 존재하며, 세상 모든 만물은 이 물질에서 만들어진다. 또 이 물질은 우주의 모든 공간에 침투하고 스며들어 그곳을 가득 채우고 있다.

둘. 생각하는 근본이 물질에 사고가 각인되면, 그 사고에 의해 그려진 존재가 창조된다.

셋. 인간은 머리로 사고할 수 있다. 따라서 그 생각을 무형의 물질에 각인하면 생각하는 대상을 창조할 수 있다.

66

돈은 진흙탕 속에서도 빛이 난다.
돈이 가는 길이 따로 있다.
그 길목을 지키며 미소를 지어라.
돈을 값진 곳에 써라.
돈도 자신의 명예를 소중히 안다.

탈무드

99

"

부를 얻으려는 당신의 소망과
스스로를 보다 안전하게 표현하려는
우주의 소망이 같은 것이라는 사실에
마음을 집중하라.
또한 분명히 성공하고 싶다면
상대에게서 받은 현금보다 언제나 더
많은 사용 가치를 주어라.

"

6

부를 불러오는 지혜

앞에서 나는 유리한 것을 얻으려고 흥정할 필요가 없다고 말했다. 하지만 이 말은 절대 흥정을 해서는 안 된다거나 타인과 아예 거래해서는 안 된다는 뜻은 아니다. 상대방과 불공정한 거래를 해서는 안 된다는 뜻이다. 상대에게서 공짜로 무언가를 받으려 애쓰지 말라. 받은 것보다 더 많은 것을 상대에게 주는 것이 가치 있는 일이다.

당신은 상대에게 받은 것보다 더 많은 현금 가치를 줄 수 없을지 모르지만, 당신이 받은 현금 가치보다 더 커다란 사용 가치를 상대에게 주는 것은 가능하다. 당신이 지금 손에 들고 있는 이 책을 생각해보라. 이 책에 사용된 종이와 잉크, 여타 재료들의 가치는 당신이 책을 살 때 지불한 돈의 가치보다 적을지도 모른다. 하지만 이 책을 읽고 나서 여기에 담긴 내용 덕분에 당신이 수천 달러를 벌게 된다고 생각해보라. 그러면 그 책을 판 서점 주인과 좋은 거래를 한 것이다. 서점 주인은 받은 현금보다 훨씬 커다란 사용 가치를 당신에게 주었기 때문이다.

내가 어느 유명한 화가의 그림을 갖고 있다고 가정하자. 이 그림은 돈으로 따지면 수천 달러의 값어치가 있다. 그런데 내가 북극에 가서 에스키모를 만난 다음, 세일즈맨 기술을 발휘해 그에게서 500달러어치의 털가죽을 받고 그림을 판다. 그러면 나는 에스키모에게 부당한 거래를 유도한 것이다. 그 그림은 에스키모에게 아무짝에도 쓸모가 없으므로 그의 삶에 도움이 안 되기 때문이다. 하지만 내가 그에게서 털가죽을 받고 50달러짜리 총을 파는 경우를 생각해보자. 이때 그는 훌륭한 거래를 한 것이다. 총은 그에게 커다란 사용 가치를 지닌다. 총이 있으면 더 많은 동물을 사냥해 가죽을 얻을 수 있고 식량도 마련할 수 있으니까 말이다. 총은 여러모로 그의 삶의 질을 높여주고 그를 부유하게 만들어준다.

경쟁 마인드에서 창조 마인드로 변화하기 위해서는 당신이 타인과 거래하는 방식을 면밀하게 검토해야 한다. 상대에게 무언가를 팔려고 하는데, 당신이 받는 것보다 더 커다란 이익과 유용함을 상대에게 주지 못한다면, 그런 거래는 성공할 수 없다. 당신은 거래에서 상대를 패배시킬 필요가 없다. 만일 타인을 패배시켜서 돈을 버는 비즈니스에 종사하고 있다면, 그 일은 당장 그만두는 게 옳다.

성공하고 싶다면 언제나 상대에게서 받은 현금보다 더 많은 사용 가치를 주어라. 그러면 거래를 할 때마다 세상 사람들의 삶의 질을 높이게 된다. 당신이 직원들을 거느리고 있는 사업주라면, 그들에게 주는 봉급보다 더 많은 가치를 얻어내려는 것은 당연한 일이다. 그렇다 하더라도 회사가 발전의 기운으로 가득 차도록, 모든 직원이 매일 조금씩 발전할 수 있도록 사업을 운영해야 한다. 이 책이 당신에게 전하는 교훈을 당신 직원들도 얻을 수 있게 하라. 모든 직원이 부로 향하는 사다리를 올라가도록, 기회를 얻을 수 있도록 이끌어라. 그런데도 그 사다리를 오르지 않는다면 그것은 당신 잘못이 아니다.

당신이 온 대기를 채우고 있는 무형의 근본물질로부터 부를 창조하려는 목표를 지녔다고 해서, 갑자기 당신 눈앞에 부가 나타나는 것은 아니다. 예컨대 당신이 자동차를 갖고 싶어 한다고 치자. 자동차에 대한 생각을 근본물질에 각인하는 것만으로 자동차가 갑자기 하늘에서 뚝 떨어지지 않는다. 자동차를 원한다면, 그것이 만들어져서 당신에게 오는 중이라는 완벽한 확신을 가지고 자동차 이미지를 마음속에 그려야 한다. 자동차가 당신에게 다가오고 있다는 절대적이고 흔들림 없는 신념을 가져라. 반드시 갖게 된다는 믿음과 조금이라도 배치되는 생각이나 말도 하지 말라. 이미 당신 소유가 되었다고 생각하라.

초월적인 절대자의 힘에 의하여 자동차가 당신에게 생겨날 것이다. 만일 당신이 메인 주에 산다면 텍사스 주나 일본에서 누군가 찾아와, 당신이 원하는 물건을 거래하자고 제안할 것이다. 그리고 당신뿐만 아니라 그 사람에게도 이로운 거래가 성사될 것이다.

생각하는 물질이 세상 어디에나 존재하고 만물과 교류하며 모든 것에 영향을 미친다는 점을 한순간도 잊지 말라. 보다 충만한 생명력과 훌륭한 삶을 원하는, 생각하는 물질의 욕구 때문에 세상의 모든 자동차가 창조된 것이다. 그리고 인간이 욕구와 신념을 통해 생각하는 물질이 힘을 발휘하게 하고 특정한 방식으로 행동할 때마다, 자동차는 수백만 개도 더 만들어질 수 있다.

당신은 반드시 자동차를 가질 수 있다. 자동차뿐만이 아니다. 당신이 원하는 어떤 것이든 가질 수 있다. 그리고 그것을 이용해 당신 자신과 다른 이들의 삶을 풍요롭게 만들 것이다.

더 많은 것, 더 훌륭한 것을 원하고 요구하길 주저하지 말라. 근본물질은 당신이 원하는 것이 모두 실현되길 원한다. 당신이 풍요로운 삶을 영위하기 위해 필요한 것을 모두 갖길 원한다. 부를 얻으려는 당신의 소망과 스스로를 보다 완전하게 표현하려는 우주의 소망이 같은 것이라는 사실에 마음을 집중하라.

언젠가 나는 피아노 앞에 앉은 한 소년을 보았다. 소년은 피아노를 연주하려고 애썼지만 마음처럼 잘 되지 않았다. 소년은 음악을 연주하지 못하는 자신의 모습에 몹시 우울해했다. 왜 그리 속상해하느냐고 묻자, 소년은 이렇게 대답했다. "내 안 어딘가에 음악이 있다는 게 느껴지는데, 손이 제대로 움직이질 않아요." 소년 안에 있는 음악은 곧 모든 가능한 생명력을 갖고 있는 근본물질의 충동이다. 그것이 아이의 손을 통해 표현될 길을 찾고 있는 것이다.

유일한 본질적 존재인 신은 인간을 통해 생명력을 실현하고 무언가를 행하고 싶어한다. 그는 말한다. "나는 인간의 손

부를 불러오는 지혜

이 아름다운 건물을 짓고, 훌륭한 음악을 연주하고, 눈부신 그림을 그려내길 원한다. 나는 인간의 다리가 내가 주는 소명을 완수하기를, 인간의 눈이 내 아름다운 창조물을 감상하기를, 인간의 혀가 위대한 진실을 말하고 아름다운 노래를 부르길 원한다." 가능성을 지닌 모든 것들이 인간을 통해 스스로를 표현할 길을 찾고 있다.

신은 연주할 줄 아는 사람이 악기를 갖기를, 재능을 한껏 발휘할 수 있는 수단을 갖길 원한다. 또한 신은 미(美)를 감상할 줄 아는 자의 주변에 아름다움이 가득하길 바란다. 신은 진실을 분간하는 밝은 눈을 가진 자가 여행하고 관찰할 수 있는 기회를 얻길 원한다. 그리고 신은 멋진 옷을 볼 줄 아는 이들이 아름답게 차려입기를, 좋은 음식의 진가를 아는 이들이 풍부하게 먹기를 원한다. 신이 이러한 바람을 갖는 이유는 그 자신이 그것을 즐기고 감상하기 때문이다. 악기를 연주하고, 노래하고, 아름다움을 즐기고, 진실을 보고, 멋진 옷을 입고, 좋은 음식을 먹길 원하는 것은 바로 신이다.

부를 얻으려는 당신의 욕망은 다름 아닌 당신을 통해 스스로를 표현하려는 신의 욕망이다. 이는 피아노 앞에 앉은 소년을 통해 신이 스스로를 표현하려 애쓰는 것과 마찬가지다. 그러므로 더 많은 것, 더 큰 풍요로움을 요구하길 망설일 필요가 없다. 당신은 신의 욕망을 표현하고 있는 것이기 때문이다.

하지만 많은 사람이 그것을 어려워한다. 가난과 희생이 신을 기쁘게 하는 길이라는 구시대적 생각에 붙들려 있기 때문이다. 그들은 가난이 우주의 원대한 계획의 일부라고 생각한다. 그들은 신이 창조 활동을 모두 완료했으니 만들어질 수 있는 것은 이미 모두 만들어졌다고 믿는다. 또 세상 사람들 모두에게 돌아갈 만큼 부가 충분하지 않기 때문에 많은 사람이 어쩔 수 없이 가난을 겪어야 한다고 생각한다. 그들 마음속에는 이런 잘못된 믿음이 너무 깊게 뿌리박혀 있어서, 부와 풍요를 원하고 요청하는 것을 부끄러운 일로 여긴다. 때문에 적당한 편안함을 누릴 정도 이상의 능력과 부를 애써 원하지 않는다.

예전에 내가 만난 한 남자의 얘기를 들려주겠다. 나는 그에게 원하는 것을 무엇이든 마음속에 선명하게 그리라고 말했다. 그것을 창조해내겠다는 생각이 근본물질에 각인되도록 말이다. 남자는 대단히 가난하여 임대주택에 살면서 하루하루 먹을 것만 간신히 벌고 있었다. 처음에 그는 원하는 부를 얼마든지 가질 수 있다는 내 말을 믿지 못했다. 하지만 깊이 생각해본 후, 그는 방에 깔 새로운 카펫과 겨울에 집안을 덥힐 난로를 강렬히 원하고 요구하면서 그것들을 마음속에 지속적으로 그렸다. 이 책의 가르침을 따른 이후, 그는 몇 달 내에 그 모든 것을 갖게 되었다. 그런데 그는 자신이 원해야 할 것이 아직 더 남았음을 깨달았다. 그래서 집안 여기저기를 보면서 더 나아지길 원하는 점들을 생각하기 시작했다. 그는 이쪽에 멋진 창문이 새로 달린 모습, 저쪽에 새로운 방을 꾸민 모습을 상상하면서 완벽한 집의 모양을 선명하게 머릿속에 그렸다. 그리고 새로 배치할 가구들도 계획했다.

전체적인 그림을 마음에 간직한 채 그는 특정한 방식을 실천하기 시작했고, 자신이 원하는 것을 항상 생각했다. 지금 그는 집을 소유하고 있으며, 원하는 마음속 이미지대로 집을 개조하고 있다. 그리고 전보다 더욱 커다랗고 확실한 신념을 갖고 더 훌륭하고 좋은 것들을 갖겠다는 목표를 세워 놓고 있다. 이 모든 변화가 가능했던 것은 신념 때문이다. 그리고 당신에게도, 어느 누구에게도 이런 놀라운 변화는 찾아올 수 있다.

> 감사하는 마음을 가지면
> 자연스럽게 원하는 것이
> 당신에게 오기 시작한다.
> 그리고 감사의 태도는
> 창조적으로 생각하도록
> 인도하며 경쟁 마인드에
> 휩싸이는 것을 막아준다.

7

감사하는 마음을 갖는 지혜

지금까지 내가 설명한 내용의 핵심은 이것이다. 즉 부자가 되기 위한 첫 번째 단계는 원하는 것을 생각하고 그것을 무형의 근본물질에 보내는 것이다. 이것은 결코 변하지 않는 진실이다. 그리고 이를 위해서는 반드시 무형의 근본물질과 조화로운 관계를 맺고 유지해야 한다. 이것은 너무나도 중요하기 때문에, 앞으로 몇 페이지의 지면을 할애해 그 방법을 알려주겠다. 이 방법만 제대로 실천하면 당신은 신과 완전한 조화를 이룰 수 있다.

정신을 한데 모으고 신과 조화를 이루는 방법은 한마디로 요약할 수 있다. 바로 '감사하는 마음'이다.

먼저 모든 만물의 근원인 근본물질(즉 생각하는 물질)이 존재한다는 것을 믿어라. 둘째, 이 물질이 당신이 원하는 모든 것을 가져다준다는 사실을 믿어라. 셋째, 깊고 진실한 감사의 마음을 가짐으로써 당신 자신과 그 물질을 연결하라.

세상 많은 사람이 가난한 이유는 감사하는 마음이 부족하기 때문이다. 신이 그들에게 선물을 주어도 그들은 감사하지 않으며, 따라서 신과 연결되는 끈이 끊어지고 만다. 부의 근원이 되는 존재에 가까워지는 삶을 살수록 더욱 많은 부를 얻게 되는 것은 당연한 일 아니겠는가? 감사할 줄 모르는 미련한 사람보다 늘 감사하는 사람이 더 신에게 가까이 갈 수 있다.

좋은 일이 생겼을 때 신에게 강렬한 감사의 마음을 가져라. 그러면 좋은 일이 더 많이, 그리고 더 빨리 당신에게 찾아온다. 이유는 간단하다. 감사하는 태도는 우리를 축복의 근원과 더 가까워지도록 이끌기 때문이다. 감사하는 마음을 가져야 우주의 창조적 에너지와 더욱 진실한 조화를 이룰 수 있다는 말이 잘 믿기지 않는가? 하지만 이는 사실이다. 당신이 지금 소유하고 있는 아름답고 좋은 것들은 당신이 특정한 법칙을 따랐기 때문에 당신에게 온 것이다.

감사하는 마음을 가지면 자연스럽게 원하는 것이 당신에게 오기 시작한다. 그리고 감사의 태도는 창조적으로 생각하도록 인도하며 경쟁 마인드에 휩싸이는 것을 막아준다. 감사하는 마음만이 당신을 초월적 절대자를 향하도록 만들며, 세상의 부가 제한되어 있다는 그릇된 믿음을 떨쳐버리도록 만든다. 그런 그릇된 믿음은 당신이 원하는 것이 다가오지 못하게 막아버린다.

'감사의 법칙'이란 것이 존재한다. 당신이 원하는 결과를 얻으려면 반드시 이 법칙을 따라야 한다. 감사의 법칙은, 작용과 반작용이 언제나 같은 정도의 힘으로, 그리고 반대 방향으로 일어난다는 원리를 토대로 한다. 신에게 감사함을 갖는 것은 어떤 힘을 발산하고 표출하는 것이다. 그리고 그 힘은 반드시 신에게 도달하며, 그에 대한 반작용은 그 즉시 당신에게 돌아온다.

당신이 계속해서 강하고 진실한 감사의 마음을 지니면, 신의 반응도 계속해서 강하게 당신에게 돌아온다. 그리고 원하는 것들이 항상 당신을 향해 다가온다. 감사 없이는 많은 힘을 가질 수 없다. 당신과 신을 연결해주는 고리는 바로 감사하는 마음이기 때문이다. 하지만 감사하는 태도는 당신이 더 많은 축복과 좋은 것들을 얻게 해주는 힘만 지닌 것이 아니다. 감사하는 마음이 없으면 우리는 자신을 둘러싼 환경과 상황에 늘 불만을 가질 수밖에 없다.

마음이 불만으로 가득 차는 순간 우리는 실패의 길로 들어선다. 평범하고 흔하고 궁핍하고 누추하고 비열한 것에 정신을 집중하면, 그런 것들이 모종의 형태를 취하기 시작한다. 그러면 그러한 형태와 이미지가 근본물질에 전달되고, 결국엔 평범하고 궁핍하고 누추하고 비열한 것이 당신에게 찾아온다.

못나고 열등한 것에 집중하도록 마음을 내버려 두면, 당신은 못나고 열등한 사람이 되고 당신 주변도 어느새 못난 것들로 가득 차버린다. 반면 가장 훌륭한 것들에 마음을 쏟으면 주변에 훌륭한 것들이 모여들고 당신도 훌륭한 존재가 된다.

우리 내면에는 창조적 힘이 존재하는데, 그 힘은 우리가 집중하고 관심을 기울이는 대상과 비슷해지도록 만든다. 우리는 생각하는 물질이다. 그리고 생각하는 물질은 언제나 그것이 생각하는 바대로 형태를 취한다. 감사하는 사람은 언제나 훌륭한 것에 마음을 집중하므로 훌륭한 존재로 변화해간다. 그는 훌륭한 존재의 형태와 특성을 취하고, 결국엔 훌륭하고 좋은 것들의 주인이 된다.

또 한 가지 중요한 점은 신념이 감사에서 생겨난다는 사실이다. 감사하는 사람은 언제나 좋은 것들을 예상하고 기대하며, 그러한 기대는 결국 신념이 된다. 감사가 가져오는 중요한 결과는 신념을 형성시키는 것이다. 감사하는 마음의 물결이 출렁일 때마다 그에 따라 신념도 강해진다. 감사를 모르는 사람은 신념을 오래 지킬 수 없다. 그리고 앞으로 살펴보겠지만, 진정한 신념이 없는 사람은 창조적인 방식을 통해 부자가 될 수 없다.

일어나는 모든 좋은 일에 감사하라. 그것을 습관처럼 만들라. 끊임없이 감사하라. 주변의 모든 만물이 당신의 성장과 발전을 돕고 있으므로 그 모든 것에 대해 감사하라. 재벌이나 유명 인사들의 허물과 실수를 놓고 잡담을 하는 데 시간을 허비하지 말라. 그들의 약점에 대한 비난 대신에 그들의 강점을 정성을 다해 배워라.

사회가 발전하여 지금과 같은 경제체계가 세워지기까지 신은 큰 인내를 갖고 오랫동안 애써왔으며, 앞으로도 자신의 목적과 의지대로 세상을 만들기 위해 노력할 것이다. 이 세상에 비즈니스 거물과 재벌이 진정으로 불필요해지면 신은 분명히 그들을 없앨 것이다. 반대로 당신이 부를 얻는 데에 필요한 과정과 환경이 만들어지도록 그들이 기여했다는 사실을 기억하라. 그리고 그들에게 감사한 마음을 가져라. 이로써 당신은 모든 좋은 것들과 조화로운 관계를 맺을 수 있고, 그러면 자연스럽게 그 좋은 것들이 당신을 향해 찾아올 것이다.

"
무엇보다도 중요한 것은 원하는 바를
정확히 알고 그것이 마음을 떠나지 않을
만큼 간절하게 원하는 것이다.
시간이 날 때마다 그 그림을 생각하라.
"

8

특정한 방식으로 생각하는 지혜

앞에서 자신이 원하는 집의 이미지를 마음속에 그렸던 남자의 이야기를 떠올려보라. 여기에는 부자가 되는 데 필요한 첫 단계가 담겨 있다. 그것은 바로 원하는 바를 선명하게 머릿속에 그리는 일이다. 먼저 머릿속으로 생각하지 않으면, 그 생각을 근본물질에 전달할 수도 없다. 이는 너무나도 중요하므로 재차 강조하겠다. 어떤 생각을 전달하려면 먼저 그 생각을 하고 있어야 한다. 세상의 많은 사람들이 생각하는 물질을 각인하는 데 실패하는데, 이는 하고 싶은 것, 갖고 싶은 것, 되고 싶은 것에 관해 그저 막연하게만 생각하기 때문이다. 즉 그들의 마음속 이미지는 흐릿하고 불명료하다.

부자가 되고 싶다는 막연한 소망을 갖는 것만으로는 충분하지 않다. 그런 소망은 누구나 가질 수 있다. 아름다운 지역을 여행하고, 좋은 것을 보고, 더 충만하게 살고 싶다고 소망하는 것만으로는 부족하다. 당신이 친구에게 편지를 쓴다고 생각해보라. 이때 알파벳순으로 문자들을 나열해놓고 친구에게 그것들을 알아서 조합해 메시지를 파악하라고 하지는 않을 것이다. 또 사전에서 아무 단어나 골라 편지를 쓰지도 않을 것이다. 편지를 보낼 때는 당연히 의미가 분명히 전달되는 문장을 이용해 메시지를 담지 않겠는가? 생각하는 물질에 당신이 원하는 것을 각인시킬 때도 마찬가지다. 그 내용이 분명하고 명확해야 한다. 당신이 원하는 것을 확실하게 알아야 한다. 막연한 소망이나 희미한 욕구를 보내면 당신의 창조적 에너지는 작동하지도 않고, 당연히 부자가 될 수 없다.

앞에서 언급한 남자가 집안을 돌아다니며 바꾸고 싶은 곳을 찾아낸 것처럼, 당신이 원하는 것들에 대해 구체적으로 생각해보라. 그리고 원하는 것이 확실해지면 그것의 형태와 모습을 마음속에 생생하고 선명하게 그려라.

배의 선장이 목적지인 항구를 늘 마음속에 생각하듯, 당신도 그 그림을 항상 마음속에 간직하라. 눈과 마음이 언제나 그것을 향해야 한다. 배의 조타수가 나침반에서 눈을 떼면 안 되듯이, 당신도 마음속 그림에서 눈을 떼어선 안 된다. 이를 위해 특별히 집중력 훈련을 하거나, 기도 시간을 마련하거나, 침묵 수행을 하거나, 모종의 주술적 행위를 실천할 필요는 없다.

무엇보다도 중요한 것은 원하는 바를 정확히 알고 그것이 마음을 떠나지 않을 만큼 간절하게 원하는 것이다. 시간이 날 때마다 그 그림을 생각하라. 진정으로 원하는 바를 자꾸 떠올리고 거기에 집중하기 위해서 특별한 연습이 필요하지는 않을 것이다. 집중하는 데 힘들고 노력이 들어간다면, 그것은 당신이 진정으로 원하지 않는 대상이라는 뜻이다.

"

부자가 되려는 마음이 강렬하지 않다면, 이 책의 내용을 실천하려 애쓰는 것은 별로 의미가 없다. 자극(磁極)이 나침반의 바늘을 고정시키는 것처럼 당신의 생각을 목적에 고정시킬 수 있을 만큼 소망이 강해야 한다. 부자가 되려는 소망이 강렬해서 정신적 나태함과 안이함을 극복할 수 있는 사람들만이 이 책에서 소개하는 방법을 통해 효과와 유익을 얻을 수 있다.

마음속 그림이 선명할수록, 그리고 최대한 상세한 그림을 그릴수록, 원하는 바에 대한 욕망도 강해진다. 그리고 욕망이 강할수록 그림에 집중하기도 쉬워진다.

그러나 선명한 그림을 그리는 것이 전부는 아니다. 만일 그것이 전부라면 당신은 그저 몽상가에 불과할 것이다. 몽상가는 원하는 바를 실현할 힘을 거의 갖고 있지 않다. 당신이 그린 선명한 그림에 그것을 실현하겠다는 목적의식이 반드시 있어야 한다. 그리고 목적의식 뒤에는 흔들리지 않는 '신념'이 있어야 한다. 원하는 것이 이미 내 것이라는 신념, 그것이 이미 내 앞에 와 있어서 손을 뻗어 붙잡기만 하면 된다는 신념 말이다.

물리적 공간의 실제 집이 생기기 전에, 먼저 마음속에 지은 근사한 새집에서 살아라. 마음의 영역에서 당신이 원하는 것들을 상상하고 마음껏 즐겨라. 원하는 것이 이미 당신에게 와 있는 모습을 상상하라. 그것을 소유하고 사용하는 모습을 그려보라. 실제로 그것을 소유했을 때와 똑같은 모습으로, 상상 속에서 마음껏 사용하라. 마음속 그림이 더없이 선명하고 뚜렷해질 때까지 늘 생각하고 생각하라. 그림 속의 모든 물건을 이미 소유하고 있는 듯이 행동하라. 정말로 당신 것이라는 완전한 믿음을 가져라. 마음속으로 주인이 되어 한순간도 신념이 위태롭게 흔들리지 말아야 한다.

그리고 감사하는 태도를 기억하라. 원하는 바가 실현된 것처럼 감사해야 한다. 상상 속에만 존재하는 것에 대해 신에게 감사할 줄 아는 사람이야말로 진정한 신념을 가진 사람이다. 그런 사람은 반드시 부자가 된다. 그리고 원하는 바를 창조해낼 수 있다. 원하는 것을 달라고 자꾸 기도할 필요는 없다. 신을 향해 그 내용을 매일 되풀이해서 입으로 말할 필요는 없다는 얘기다. 당신이 할 일은 삶을 풍요롭게 해줄 것들에 대한 당신의 소망을 명확하게 결정하고 정리하는 것이다. 그런 다음 그 소망을 무형의 물질에 각인해야 한다.

단어와 어구를 반복하고 나열하여 당신의 소망을 각인하려고 시도하지는 마라. 반드시 실현하겠다는 굳은 신념을 갖고 마음속 그림에만 집중하면 된다. 기도에 대한 응답은 말로 표현하는 신념이 아니라 행동을 통한 신념으로 얻을 수 있는 법이다. 안식일에만 기도하고 나머지 평일에는 잊어버리고 지내면 신에게 원하는 바를 전달할 수 없다. 비밀스러운 조용한 방에 들어가 기도한 후, 다음 기도 시간이 올 때까지 그 내용을 잊어버리는 경우도 마찬가지다.

소리 내어 기도하는 것은 물론 좋은 일이다. 또 신념과 마음속 그림을 강화하는 데에도 어느 정도는 도움이 된다. 하지만 입으로 하는 기도만으로는 원하는 바를 얻을 수 없다. 진정한 부자가 되기 위해서는 한 번의 '특별한 기도'만으로는 부족하다. 끊임없이 항상 기도해야 한다. 내가 말하는 기도란, 실제적인 형태를 창조해낸다는 목표를 갖고 마음속 그림에 집중

하는 것을 뜻한다. '원하는 바를 얻게 되리라고 믿어라.'

원하는 그림을 그렸다면 이제 그것을 받는 일만 남는다. 마음속 그림을 그렸다면, 원하는 것을 소리 내어 기도하며 신에게 말을 거는 것도 나쁘지 않다. 그 순간부터 당신은 요청한 것을 마음속에서 받아야 한다. 마음속에서 근사한 새집에 살고, 멋진 옷을 입은 채 거리를 활보하고, 새 자동차를 타고, 근사한 지역으로 여행을 떠나라. 그 모든 것이 실제로 이루어진 것처럼 생각하고 말하라. 당신이 바라는 경제적 상황과 주변 환경을 상상하고, 항상 그 그림 속에서 살아야 한다.

하지만 절대로 단순한 몽상가가 되는 데 그쳐선 안 된다는 사실을 명심하라. 중요한 것은 상상이 실현된다는 믿음을 잃지 말고, 그것을 이루겠다는 의지와 신념으로 즉시 행동하는 일이다. 상상한 내용의 실현에 관해 믿음과 행동하는 의지를 가졌느냐, 안 가졌느냐가 바로 과학자와 몽상가를 구별 짓는 차이점이다.

"

"

신은 인간을 만들고,
옷은 인간의 외양을 꾸민다.
그러나 인간을 마지막으로
완성하는 것은 돈이다.

존 레이

"

66

부자가 되고 싶은 소망을 갖고 있는가?
그렇다면
절대 가난을 생각해서는 안 된다.
원하는 것과 반대되는 내용을 생각하는데
어찌 원하는 것이 다가오겠는가?

99

의지력을 사용하는 지혜

과학적 지혜로 부자가 되기 위해서는, 당신이 아닌 외부의 다른 존재에 의지력을 사용하려고 들어서는 안 된다. 당신은 그럴 권리를 갖고 있지 않다. 당신의 의지력을 타인에게 사용하여 그가 당신이 원하는 대로 행동하게 하는 것은 옳지 않다.

물리적인 힘을 이용해 타인을 강제하는 것이 잘못이듯, 정신적인 힘으로 타인에게 무언가를 강요하는 것은 커다란 잘못이다. 물리적 힘으로 남에게 무언가를 억지로 시키는 것은 그를 노예로 만드는 것과 마찬가지다. 그리고 정신적인 힘으로 상대를 강제하는 것도 같은 결과를 낳는다. 단지 그 방법이 다를 뿐이다. 육체적인 힘을 사용해 상대에게서 물건을 빼앗는 것이 강탈이라면, 정신적인 힘을 사용해 무언가를 빼앗는 것도 강탈이다. 원칙적으로 그 둘은 같은 것이다.

당신에게는 타인에게 의지력을 사용할 권리가 없다. 설령 '타인을 위해 좋은 일'이라 생각된다 할지라도 말이다. 사실 당신은 어떤 것이 타인에게 좋은 일인지 알지 못하기 때문이다. 부자가 되는 지혜는 타인에게 힘을 강제하라고 말하지 않는다. 전혀 그럴 필요가 없다. 사실, 의지를 타인에게 사용하려고 들면 오히려 당신이 원하는 바를 얻는 데 방해가 된다. 또 원하는 대상이 당신에게 오게끔 강제하기 위해서 당신의 의지력을 사용할 필요도 없다.

그것은 신을 강제하려는 행동과 다를 바 없으며, 어리석고 헛되고 불경한 행동이다. 신을 강제하여 당신에게 좋고 훌륭한 것을 얻고자 애쓸 필요도 없다. 아침에 해가 뜨게 하려고 당신의 의지를 사용할 필요가 있을까. 당신에게 비우호적인 어떤 초월적 힘을 물리치기 위해, 또는 어떤 고집스러운 힘을 굴복시켜 당신 뜻에 따르도록 만들기 위해 의지를 사용할 필요도 없다. 생각하는 물질은 당신을 위해 움직인다. 그리고 당신이 원하는 바를 이루기를 간절히 바라고 있다. 부자가 되기 위해서는 다른 그 어떤 존재나 대상이 아니라 당신 자신에게만 의지력을 사용해야 한다.

무엇을 생각하고 어떻게 행동해야 할지 깨달았다면, 당신 자신이 그것을 생각하고 행하기 위해서만 의지력을 사용해야 한다. 스스로 올바른 방향으로 나아가도록 만드는 데 의지를 사용하는 것이다.

특정한 방식으로 생각하고 행동하도록 자신을 관리하는 데 의지력을 사용하라. 의지력이나 사고가 당신이 아닌 다른 사물이나 타인에게 향하지 않도록 주의하라. 정신과 의지력이 누구도 아닌 바로 당신 안에 힘 있게 머물 수 있도록 하라. 외부가 아니라 바로 그 안에 있을 때 정신은 더 많은 것을 이뤄낸다. 정신을 사용하여 원하는 바에 대한 선명한 그림을 그리고,

군건한 신념으로 그 그림을 유지하라. 의지력을 사용하여 당신의 정신이 올바른 길로 가도록 이끌어라.

신념과 의지가 강할수록 부가 더욱 빨리 당신에게 찾아온다. 신념과 의지가 확고하면 생각하는 물질에 '긍정적인' 내용만 가득 차기 때문이다. 그러면 부정적인 각인 때문에 긍정적인 각인의 힘이 약해지는 일이 발생하지 않는다. 무형의 물질은 당신의 소망을 담은 그림을 받아들인 다음 그것을 온 우주에 퍼트린다.

그런 다음에는 당신의 소망이 실현되는 데 기여하는 방향으로 세상 모든 만물이 움직이기 시작한다. 모든 생명체, 무생물, 아직 창조되지 않은 존재들까지도 당신의 소망을 실현하기 위해 움직인다. 세상 모든 힘이 당신에게 우호적인 방향으로 움직인다. 모든 곳에 있는 사람들의 마음도 영향을 받아 당신의 소망을 실현하는 데 필요한 쪽으로 움직인다.

하지만 무형의 물질에 부정적인 내용이 각인되면 이 모든 과정이 멈춰버린다. 신념과 의지를 가지면 모든 만물이 당신을 위해 움직이는 것처럼, 회의와 의심과 불신은 모든 움직임이 당신의 소망과 반대되는 쪽으로 향하게 만든다는 점을 명심하라. 부자가 되는 '정신과학'을 배우고 실천하는 도중에 실패하는 사람들은 바로 그런 점을 깨닫지 못했기 때문에 부에서 멀어지는 것이다.

의심과 두려움의 목소리에 귀를 기울일 때마다, 걱정할 때마다, 불신에 휩싸일 때마다, 생각하는 물질은 당신을 위해 움직이지 않고 세상 만물의 움직임도 당신에게서 멀어진다. '믿는 자에게만 약속은 이루어지는 법'이다.

믿음은 매우 중요하다. 그러므로 당신의 생각과 믿음을 굳건하게 지키려 애써야 한다. 믿음이란 자신이 보고 생각하는 것들에 의해 크게 영향받기 때문에, 스스로 주의력을 통제하는 것이 매우 중요하다. 이를 위해 의지를 사용해야 한다. 어디에 주의를 기울이고 집중할지 결정하는 것이 바로 의지력이기 때문이다.

부자가 되고 싶은 소망을 갖고 있는가? 그렇다면 절대 가난을 생각해서는 안 된다. 원하는 것과 반대되는 내용을 생각하는데 어찌 원하는 것이 다가오겠는가? 질병을 생각하면 결코 건강해질 수 없다. 죄악을 생각하고 그것을 연구함으로써 정의를 실현할 수는 없다. 이와 마찬가지로 가난을 생각하고 가난을 연구하는 사람은 절대 부자가 되지 못한다.

가난을 화제로 삼아 이야기하지 마라. 가난에 대해 깊이 연구하지도, 가난 때문에 고민하지도 마라.

당신은 그것과 아무런 관련이 없는 사람이다. 당신이 마음 써야 할 것은 그 해결책이다. 자선 활동을 벌이느라 시간을 낭비하지 마라. 자선은 가난하고 비참한 사람들을 없애고자 시작하지만, 결국엔 오히려 가난과 비참을 지속시키기 때문이다. 피도 눈물도 없는 냉정한 사람이 되어 도움을 요청하는 이들을 외면하라는 말이 아니다. 흔히 많은 이들이 택하는 평범한 방법으로 가난을 퇴치하려 애쓰는 것은 소용이 없다는 얘기다. 가난에 대한 생각을 말끔히 잊어라. 부자가 되어라. 그것이 가난한 사람들을 돕는 최선의 길이다.

마음속에 가난에 대한 그림이 가득하면 부자가 되는 데 필요한 그림이 들어설 자리가 없다. 빈민가의 비참한 삶이나 아동노동 착취를 상세하게 설명한 책이나 신문 기사에 눈을 돌리지 마라. 궁핍과 고통이라는 우울한 이미지를 마음에 심어놓는 그 어떤 것도 읽지 마라. 그런 사실을 안다고 해서 가난한 사람을 도울 수 있는 게 아니다. 가난에 대한 많은 지식과 정보가 가난을 없애주지는 못한다. 그렇다면 빈곤을 없애는 방법은 무엇일까? 바로 가난한 사람들의 마음속에 부의 그림이 그려져야 한다.

당신이 마음속에서 비참함과 가난에 대한 그림을 지운다고 해서 가난한 사람들을 저버리는 것은 아니다. 가난에 대해 생각하고 걱정하는 부자들이 많아지는 것은 빈곤 퇴치에 그다지 도움이 되지 않는다. 부자가 되겠다는 확고한 신념을 가진 가난한 사람들이 늘어나야만 빈곤이 사라질 수 있다. 빈곤한 사람들에게 필요한 것은 자선과 빵이 아니라 정신적, 영적 각성과 깨달음이다. 자선 활동은 비참한 하루를 더 버틸 수 있는 빵 한 덩어리를 주거나, 또는 위로를 제공해 고통스러운 현실을 그저 잠시 잊게 해줄 뿐, 그 이상은 할 수 없다. 그러나 영적 깨달음은 그들을 근본적으로 비참한 삶에서 벗어나게 인도한다.

당신이 진정 가난한 이들을 돕고 싶다면, 그들이 부자가 될 수 있음을 일깨워주어라. 당신 스스로 먼저 부자가 됨으로써 그것을 입증해 보여라.

이 세상에서 영원히 빈곤을 사라지게 할 유일한 방법은 더욱 더 많은 사람들이 이 책의 내용을 실천하는 것이다. 남과의 경쟁을 통해서가 아니라 창조를 통해 부를 얻는 법을 배워야 한다.

경쟁을 통해 부자가 되고 성공한 사람은 자신이 꼭대기에 올라가는 데 사용한 사다리를 치워버린다. 다른 이들이 따라 올라오지 못하도록 말이다. 하지만 창조 마인드를 이용해 부자가 된 사람은 다른 수많은 이들이 자기 뒤를 따르도록 길을 열어두고, 또 그들에게 영적 가르침과 깨달음을 전달한다.

　가난한 사람을 동정하지 않고, 가난을 보거나 생각하지 않고, 가난에 대한 글을 읽거나 그에 대해 말하지 않는다고 해서 무정하고 무감각한 냉혈한이 되는 것은 아니다. 의지력을 사용하여 가난에 대한 모든 이미지를 마음에서 떨쳐버려라. 그리고 신념과 의지를 갖고 당신이 원하는 것의 그림에 집중하라.

> 인생의 100가지 문제 중에
> 99가지 문제의 해답은 바로 돈에 있다.
>
> 말콤 포브스

66

세상은 악이 아니라 선을 향해,
그리고 무엇보다 신을 향해 움직인다는
사실을 깨달아라.

99

10

의지력을 보다 심화시키는 지혜

부와 반대되는 생각에 계속 주의를 기울이면 부에 관한 선명한 그림에 집중할 수 없다.

경제적으로 어려웠던 지난날에 대해 이야기를 하지 말고 그것에 대해 생각하지도 말라. 부모님의 가난에 대해, 또는 당신이 힘들게 보낸 젊은 시절에 대해서도 이야기하지 말라. 그것은 스스로를 가난한 부류로 분류하는 행동이며, 이는 원하는 것들이 당신에게 오는 과정을 방해한다.

66

가난을, 그리고 가난과 관련된 모든 것을 깨끗이 잊어라. 당신은 이제 우주에 관한 특정한 이론을 배웠고, 당신의 행복과 희망이 실현될지는 그 이론을 올바로 실천하느냐에 달려 있다. 그러니 그와 반대되는 생각이나 말들에 주의를 기울여서 얻을 것이 무엇이겠는가? 세상이 끝날 날이 머지 않았다는 내용을 설파하는 종교 서적을 멀리하라. 세계가 악으로 치달아 멸망하리라고 예언하는 비관적인 철학자의 글도 읽지 말라.

세상은 악이 아니라 선을 향해, 그리고 무엇보다 신을 향해 움직인다는 사실을 깨달아라.

부와 풍요로움이 가득해지는 일에만 관심을 기울여라. 가난과 궁핍을 생각하지 말고 세상이 맞이하게 될 부와 풍요만 생각하라. 경쟁적 방식이 아니라 창조적 방식을 통해 당신 스스로 부의 주인이 되어라. 그래야만 세상이 풍요로워지는 데 기여할 수 있다. 가난한 이들에 대해 생각하거나 말할 때도, 그들이 곧 부자가 될 것처럼 생각하고 말하라. 동정해야 할 대상이 아니라 마땅히 축복해야 할 사람들인 것처럼 말하라. 그러면 그들도 영적 깨달음을 얻고 가난을 벗어날 방법을 찾기 시작할 것이다.

모든 시간과 생각을 부에 쏟으라고 말했지만, 이는 당신이 비열하거나 야비한 사람이 되라는 말은 아니다. 진정한 부자가 되는 것은 인생에서 추구할 수 있는 가장 고귀한 목표다. 그 목표는 다른 모든 것을 아우르는 광대하고 의미 깊은 것이기 때문이다.

부를 얻으려고 남과 경쟁하는 것은 타인을 밟고 올라서 힘을 얻으려는 불순한 싸움이다. 그러나 창조 마인드를 사용하면 모든 것이 달라진다. 모든 위대함과 영적 발전, 고귀한 봉사는 부를 통해서만 가능해진다. 그러한 것들은 물질을 이용해야만 이룰 수 있기 때문이다. 만일 육체적으로 건강하지 못한 사람이라면, 먼저 부를 얻어야만 건강해질 수 있다. 재정적 걱정에서 자유롭고, 근심 없는 삶을 살고 위생적인 생활을 하는 데 필요한 수단을 가진 사람만이 건강을 얻을 수 있다.

66

생존을 위해 경쟁하지 않는 사람만이 영적, 도덕적으로 발전할 수 있다. 그리고 창조적 사고를 통해 부자가 된 사람만이 경쟁의 부도덕한 영향력에서 자유로워진다. 가정의 행복을 원하는 사람이라면, 고귀하고 세련된 사고가 존재하고 부도덕한 힘이 없는 곳에서 사랑이 꽃필 수 있다는 사실을 기억하라. 이러한 것들은 투쟁이나 경쟁이 아니라 창조적인 생각을 통해 부를 이룩한 경우에만 얻을 수 있다. 거듭 강조하지만, 부자가 되는 것은 그 무엇보다 고귀하고 훌륭한 목표다. 부를 그린 마음속 그림에 온 정신을 집중하고 그 그림을 흐릿하게 만드는 것은 무조건 멀리하라.

모든 만물에 내재한 '진실'을 보는 밝은 눈을 가져야 한다. 그릇되어 보이는 모든 외양 뒤에 존재하는 위대한 생명을 볼 줄 알아야 한다. 그 위대한 생명은 항상 더 충만한 발현과 온전한 행복을 향해 움직인다. 그 '진실'이란 바로 가난이란 존재하지 않으며 부와 풍요만이 존재한다는 것이다. 어떤 이들은 세상에 자신을 위한 부가 존재한다는 사실을 모르기 때문에 가난을 벗어나지 못한다. 그들을 일깨우는 가장 좋은 방법은, 당신이 부자가 되는 본보기를 보여주어 풍요에 이르는 길을 일깨우는 것이다.

어떤 사람들은 가난을 벗어나는 방법이 있다는 것을 알 긴 하지만 정신적으로 너무 나태해서 그 방법을 찾으려고 노력하지 않는다. 그들을 돕는 가장 좋은 방법은, 부자가 되어 얻을 수 있는 행복을 알려줌으로써 그들의 욕구를 자극하는 것이다. 또 어떤 사람들은 과학적 개념을 어느 정도 알고 있지만, 초자연적 이론이나 마술적 방법의 미로에 빠져 어느 길을 택해야 할지 갈팡질팡하며 이런저런 방법을 시도하지만, 결국엔 모두 실패하는 것이다. 그들을 위한 최선의 해결책 역시 당신이 실천과 본보기를 보임으로써 올바른 길을 알려주는 것이다. 정말로 '1온스의 행동은 1파운드의 이론만큼 가치가 있다'.

당신이 세상을 위해 할 수 있는 가장 훌륭한 일은 스스로를 최대한 실현하는 것이다. 부자가 되는 것보다 신과 인류에게 더 훌륭한 봉사는 없다. 단, 경쟁이 아니라 창조적인 방법으로 부에 이르러야 한다.

한 가지 당부해둘 점이 있다. 이 책은 부자가 되는 근본적인 지혜를 상세하게 알려준다. 따라서 당신은 이 주제에 관한 다른 책을 읽을 필요가 없다. 자기중심적인 독단이나 허풍처럼 들리는가? 그러나 계산을 할 때 덧셈, 뺄셈, 곱셈, 나눗셈 이외에 더 정확한 방법은 없다는 사실을 생각해보라. 다른 가능한 계산법은 존재하지 않는다. 두 점을 잇는 최단 거리는 하나뿐이다. 과학적으로 사고하는 정확한 방법도 하나 이상 존재할 수 없다. 가장 간단하고 직접적인 통로를 통해 목표에 이르는 방법 말이다. 내가 소개하는 것보다 더 빠르고 간단한 '체계'를 만든 사람은 없다. 이 책은 불필요한 가지는 전부 잘라내고 핵심과 정수만 담았다.

이 체계를 실천하기 시작하면 다른 모든 이론이나 방법은 잊어야 한다. 이 책을 곁에 두고 날마다 펼쳐서 읽어라. 항상 곁에 두고 그 내용을 기억하라. 다른 이론을 읽으면, 이 책에 대해 의심과 불신이 일기 시작할지도 모른다. 그러면 당신은 실패의 길에 들어서게 된다.

이 책의 내용을 실천해 부자가 된 다음에 다른 이론을 공부하는 것은 무방하다. 하지만 당신이 진정 원하는 바를 성취하기 전까지는, 다른 책들은 읽지 말라. 세상의 뉴스를 전하는 기사에서도 긍정적인 것만 읽어라. 당신이 마음속에 그런 그림과 조화를 이루는 내용만 읽어라.

또한, 초자연주의나 마술적 방법도 멀리하라. 심령술이나 강신술을 가까이하지 말라. 죽은 자의 영혼이 우리 주변에 존재한다는 말이 사실일 수는 있다. 하지만 그렇다 하더라도 그들에 대해선 잊고 당신 자신의 목표에 정진하는 데 더욱 신경 써라. 죽은 자의 영혼이 어디에 있든, 그들에겐 나름대로 할 일이나 돌봐야 할 문제가 있을 것이다. 우리는 그들을 간섭할 권리가 없다. 우리는 그들을 도울 수 없다. 또 그들이 우리를 정말 도울 수 있을지도, 우리가 그들의 시간을 빼앗을 권리를 지녔는지도 불분명하다. 초자연주의에 발을 담그면 당신의 정신에 혼란과 동요가 찾아온다. 게다가 이는 당신이 원하는 목표를 이루는 데 방해가 된다.

내가 앞에서 말한 기본 원칙을 다시 되짚어보자.

하나. 생각하는 근본물질이 존재하며, 세상 모든 만물은 이 물질에서 만들어진다. 또 이 물질은 우주의 모든 공간에 침투하고 스며들어 그곳을 가득 채우고 있다.

둘. 이 물질에 사고가 각인되면, 그 사고에 의해 그려진 존재가 창조된다.

셋. 인간은 머리로 사고할 수 있다. 따라서 그 생각을 무형의 물질에 각인하면 생각하는 대상을 창조할 수 있다.

이를 위해서는 경쟁 마인드를 버리고 창조 마인드를 가져야 한다. 그리고 원하는 것을 선명하고 명확하게 마음속에 그려야 한다. 그것을 반드시 얻겠다는 굳은 의지와 신념을 갖고 그림을 간직하라. 목표를 흔들리게 하거나, 마음속 그림을 흐릿하게 만들거나, 신념을 약화시킬 수 있는 그 어떤 것도 바라보아서는 안 된다.

"

허황한 공상이나 몽상을 하느라
시간을 낭비하지 말라.
원하는 것을 그린 마음속 그림에
집중하면서
'지금 당신이 있는 바로 그 자리에서'
행동하라.

"

11

특정한 방식으로 행동하는 지혜

창조적 힘이 작동하게 만드는 추진력은 생각이다. 따라서 특정한 방식으로 생각하면 부가 당신에게 찾아온다. 하지만 그렇다고 해서 행동에는 주의를 기울이지 않고 오로지 생각에만 의존해서는 안 된다. 많은 형이상학적 사상가들이 결국 실패한 이유는 바로 생각을 행동과 연결하지 않았기 때문이다.

인간은 자연의 과정이나 인간 스스로의 노력이 전혀 없이 무형의 물질에서 무언가를 직접 창조할 수 있는 발전 단계에는 아직 이르지 못했다. 즉 생각하는 데서 그칠 것이 아니라 그 생각에 행동이 뒤따라야 한다. 생각함으로써 땅속에 묻힌 금이 당신에게 다가오게 만들 수는 있다. 하지만 금이 스스로 땅에서 채굴되어 화폐로 만들어진 후 도로를 따라 이동해 당신 호주머니로 들어오는 일은 일어나지 않는다.

초월적인 근본물질의 강력한 힘이 발휘되기 시작하면, 이 세상의 누군가가 당신을 위한 금을 땅에서 캐낼 것이고, 또 다른 누군가는 그 금이 당신에게 이르도록 거래를 진행할 것이다. 또 당신은 그것이 당신에게 왔을 때 받을 수 있도록 당신의 행동과 상황을 조정해야 한다. 당신은 생각을 통해, 세상 만물(생물이든 무생물이든)이 당신이 원하는 것을 이루는 데 기여하도록 움직이게 만들 수 있다. 그러나 그것이 당신에게 다가왔을 때 제대로 받으려면 당신의 행동도 올바르게 이루어져야 한다. 당신은 그것을 자선품으로 여겨서도 안 되고 그것을 훔쳐서도 안 된다.

다시 한번, 당신은 언제나 상대에게 받은 현금 가치보다 더 많은 사용 가치를 주려고 생각해야 한다.

66

생각을 과학적으로 사용한다는 것은 원하는 바에 대한 명확한 그림을 마음속에 그리고, 그것을 얻겠다는 굳은 의지와 신념을 갖는 것을 의미한다. 초자연적이거나 신비주의적 방식으로 생각을 이용하면 안 된다. 그것은 무의미하고 헛된 노력일 뿐이며 지혜롭게 사고할 수 있는 능력을 방해한다.

부자로 만드는 지혜에서 생각의 역할은 이미 충분히 설명했다. 신념과 의지를 갖고 당신이 원하는 것에 대한 생각을 무형의 물질에 각인해야 한다. 이 무형의 물질은 당신과 마찬가지로 더 많은 생명력과 발전으로 향하려는 본래적 욕구를 지니고 있다. 그러면 거기에 각인된 생각으로 인해 모든 창조적 힘이 마땅히 지나야 할 통로를 거치면서 작동하기 시작하며, 결국 원하는 것이 당신에게 다가온다.

그러한 창조 프로세스를 통제하는 것은 당신이 해야 할 일이 아니다. 당신은 마음속 그림에 집중하고 의지와 신념, 감사하는 마음만 잃지 않으면 된다.

하지만 당신은 반드시 특정한 방식으로 행동해야 한다. 그래야만 원하는 것이 찾아왔을 때 붙잡을 수 있고, 마음속으로 그린 대상을 만날 수 있으며, 그것을 적절한 자리에 위치시킬 수 있다. 원하는 것이 다가왔는데 그것이 다른 사람의 손에 있다면, 그는 당신에게 동등한 가치의 교환물을 요구할 것이다. 그리고 당신은 상대에게 마땅히 상대 소유인 것을 주어야 당신 소유인 것을 얻을 수 있다. 아무런 노력 없이 당신에게 돈이 생길 수는 없다.

부자가 되는 지혜에서 가장 중요한 점은 바로 생각과 행동이 결합되어야 한다는 사실이다. 많은 사람이 강한 소망을 지속적으로 가짐으로써 창조적 힘이 힘을 발휘하게 만드는데도 불구하고 가난을 벗어나지 못한다. 그 이유는 원하는 것이 다가왔을 때 그것을 받을 준비가 되어 있지 않기 때문이다. 생각을 통해 원하는 것이 당신을 향해 다가오면, 행동을 통해 그것을 받아들여야 한다. 어떤 행동이든, 당신은 '지금' 행동해야 한다. 과거 속에서 행동할 수는 없다. 마음속 그림을 선명하게 유지하려면 마음에서 과거를 지워야 한다. 또 미래는 아직 다가오지 않은 시간이므로 미래 속에서 행동할 수도 없다. 미래의 어떤 사건이 일어나기 전까지는 당신이 그 사건과 관련하여 어떻게 행동하고 싶을지 미리 알 수 없다.

당신이 적절한 직업을 갖고 있지 않거나 올바른 환경 속에 있지 않다고 해서 '지금은 적당한 때가 아니다'라고 생각하며 행동을 미뤄서는 안 된다. 또 앞으로 일어날 수 있는 위험한 상황에서 당신이 취할 수 있는 최선의 행동에 대해 생각하느라 지금 시간을 허비하지 말라. 위험이 다가오면 그때 충분히 적절하고 현명하게 대응할 수 있을 거라고 믿어라. 정신을 다가오지도 않은 미래에 쏟으면서 현재 어떤 행동을 한다면, 당신은 두 개로 분열된 정신을 갖고 행동하는 것이며 이는 효과적이지 못하다. 현재에 당신의 온 정신과 에너지를 집중하라.

창조 에너지를 근본물질에 보낸 다음 아무것도 행하지 않으면서 가만히 앉아 결과를 기다리는 것은 어리석은 일이다. 그러면 결코 원하는 바를 얻을 수 없다. 지금 행동하라. 지금 이외의 시간은 존재하지 않는다. 원하는 것을 받을 준비를 갖추려면 지금 당장 시작해야 한다. 그리고 현재 몸담고 있는 직업이나 일자리에서 행동해야 하며, 현재 당신 주변에 있는 사람과 사물을 토대로 행동해야 한다.

자신이 있지 않은 곳에서 행동할 수는 없다. 당신이 과거에 있었던 곳에서 행동할 수는 없으며 미래에 있을 곳에서 행동할 수도 없다. 즉 당신은 현재 있는 곳에서만 행동할 수 있다. 과거에 어떤 일을 훌륭히 수행했는지 아닌지에 대해 마음 쓰지 말라. 지금 하고 있는 일을 잘 해내는 것이 더욱 중요하다. 또 내일 할 일을 지금 하려고 애쓰지 말라. 내일이 되면 그 일을 할 충분한 시간이 있을 것이다.

초자연주의나 신비주의적 방식을 사용해 타인이나 어떤 대상에 영향을 주려고 시도하지 말라. 환경이나 조건이 바뀌길 기다렸다가 행동하겠다고 생각하는 것은 잘못이다. 당신의 행동으로 환경이나 조건을 얼마든지 변화시킬 수 있다. 당신 스스로 현재의 환경에 영향을 미쳐 보다 나은 환경으로 만들 수 있다. 더 나아진 환경에 있는 당신의 모습을 마음속에 그려보라. 그리고 신념과 의지를 갖고 그 그림을 강화하라. 당신이 쏟을 수 있는 모든 노력과 마음을 쏟아서 현재의 환경을 토대로 행동하여 그것에 영향을 미치고 그것을 변화시켜라.

허황한 공상이나 몽상을 하느라 시간을 낭비하지 말라. 원하는 것을 그린 마음속 그림에 집중하면서 '지금 당신이 있는 바로 그 자리에서' 행동하라. 부자가 되기 위한 기이하고 새로운 방법, 독특하고 놀라운 방법을 이리저리 찾아다니지 말라. 아무리 그런 방법을 찾으려 애쓴다 해도 적어도 한동안 당신은 과거에 했던 똑같은 행동을 할 가능성이 크다. 하지만 이제 당신은 특정한 방식으로 행동하는 법을 배우기 시작했다는 것을 잊지 말라. 이 방법은 틀림없이 당신을 부와 풍요로 이끌어준다.

현재 몸담고 있는 직업이 당신에게 맞지 않는다고 느껴지는가? 행동은 하지 않으면서 당신 마음에 드는 직업이 나타날 때까지 기다리지 말라. 또는 맞지 않는 일을 하고 있다고 절망하거나 푸념하지도 말라. 현재 맞지 않는 일을 하고 있다고 해서 나중에 좋은 직업을 갖지 못하는 것은 결코 아니다. 잘못된 사업을 하고 있다고 해서 올바른 사업으로 옮겨갈 수 없는 것도 결코 아니다. 원하는 일자리에서 즐겁게 일하는 모습을 마음속에 그려라. 반드시 그것을 얻겠다는 의지와 신념을 잃지 말라. 하지만 현재 있는 자리에서 행동하라. 현재의 직업을 앞으로 더 훌륭한 직업을 갖기 위한 수단으로 삼아라. 그러면 점차 신이 당신에게 더 나은 직업을 가져다준다. 그리고 당신이 특정한 방식으로 행동하면 어느새 원하는 직업으로 차츰 이동하게 된다.

지금 어떤 회사에 소속되어 일하고 있는데, 원하는 목표를 성취하기 위해 다른 직장으로 옮겨야겠다고 판단되면, 그런 생각과 바람을 그냥 허공으로 날려 보내지 말라. 그러면 절대 원하는 직장을 얻지 못한다. 만족스러운 회사에 다니며 활기차게 일하는 모습을 마음속으로 상상하라. 그리고 신념과 의지를 갖고 현재의 직장에서 행동하라. 그러면 자연스럽게 원하는 직장이 당신에게 나타난다.

이제 앞에서 말한 핵심 원칙들에 내용을 조금 추가해 다시 정리해보겠다.

하나. 생각하는 근본물질이 존재하며, 세상 모든 만물은 이 물질에서 만들어진다. 또 이 물질은 우주의 모든 공간에 침투하고 스며들어 그곳을 가득 채우고 있다.

둘. 이 물질에 사고가 각인되면, 그 사고에 의해 그려진 존재가 창조된다.

셋. 인간은 머리로 사고할 수 있다. 따라서 그 생각을 무형의 물질에 각인하면 생각하는 대상을 창조할 수 있다.

이를 위해서는 경쟁 마인드를 버리고 창조 마인드를 가져야 한다. 그리고 원하는 것을 선명하고 명확하게 마음속에 그려야 한다. 그것을 반드시 얻겠다는 굳은 의지와 신념을 갖고 그림을 간직하라. 목표를 흔들리게 하거나, 마음속 그림을 흐릿하게 만들거나, 신념을 약화시킬 수 있는 그 어떤 것도 바라보아서는 안 된다. 그리고 원하는 것이 다가왔을 때 그것을 얻기 위해서는, 현재의 환경 속에 있는 사람과 대상을 토대로 그에 영향을 미치는 방식으로 '지금' 행동해야 한다.

"

돈이 없는 사람은 화살이 없는 활이다.
돈을 하인으로 삼지 않으면 돈이 주인이 된다.
의사의 잘못은 흙이, 부자의 잘못은
돈이 덮어준다.
오직 선한 의도만을 가졌더라면 선한
사마리아인을 아무도 기억하지 않을 것이다.
그에게는 돈이 있었다.

마거릿 대처

"

6

> "
> 자연의 섭리에 따라 하나의 성공은 또 다른
> 성공을 불러오고, 당신은 원하는 것에
> 생각했던 것보다 훨씬 빨리 도달하게 된다.
> 날마다 할 수 있는 모든 것을 즉시 행하라.
> 그리고 반드시 효율적인 방식으로
> 행동하라.
> "

12

행동을 효율적으로 하는 지혜

지금까지 설명한 내용을 마음에 잘 새기기 바란다. 내가 말한 방식으로 생각을 사용하고, 현재 위치에서 행동해야 한다. 지금 당신이 있는 자리에서 할 수 있는 '모든 것'을 해야 한다.

당신은 현재의 자리에서 더 나은 사람이 되어야만 발전을 이룰 수 있다. 지금 하는 일도 제대로 수행하지 못하면서 성장하고 발전할 수 있는 사람은 없다. 현재의 자리를 채우는 데서 그치는 것이 아니라 그 이상의 행동을 하는 사람들 덕분에 세상이 발전하는 것이다. 만일 모든 사람들이 자기 자리에 충실하지 못한다면, 틀림없이 세상 모든 것은 퇴보하고 후퇴할 것이다. 자신의 역할을 제대로 해내지 못하는 사람은 사회와 나라와 산업계에 무거운 짐이 될 뿐이다. 즉 다른 사람들이 수고와 희생을 감내하며 그들을 끌고 가야 한다. 자기 역할과 자리에 소홀한 사람은 세상의 발전을 방해한다. 그들은 현재가 아니라 과거에 얽매여 있고, 삶의 낮은 단계에서 벗어나지 못하며, 퇴보를 향해 움직인다. 물리적, 정신적 발전의 법칙에 따라 사회는 진보하고 성장해 나간다.

동물의 세계에서 진보를 가능케 하는 것은 넘치는 생명력이다. 어떤 생명체가 자신의 현재 단계에서 표현되는 생명력보다 더 많은 생명력을 갖게 되면, 더 높은 수준의 기관이 발달하고 새로운 종이 생겨난다. 자신의 자리를 채우는 것 이상의 역할을 하는 생명체들이 없었다면 아마도 진화 단계에서 새로운 종은 생겨나지 않았을 것이다. 이러한 원칙은 인간에게도 적용된다. 이 원칙을 이해하고 삶에 적용하는 것이 당신이 부자가 되느냐 여부를 결정하는 관건이다.

우리는 어떤 날은 '성공한 하루'라 부를 수 있고 또 어떤 날은 '실패한 하루'라 부를 수도 있다. 성공한 하루는 우리에게 원하는 것을 얻게 해준다. 하루하루 실패만 계속된다면 당신은 절대로 부자가 될 수 없다.

하지만 매일 성공한 하루를 보낸다면 반드시 부자가 될 수 있다. 만일 오늘 수행할 일이 있는데 그걸 하지 않으면, 그 일에 관한 한 당신은 실패를 경험한 것이다. 그리고 이는 생각보다 훨씬 끔찍한 결과를 낳는 실마리가 될 수도 있다.

우리는 아주 작고 사소한 행동이 가져올 결과조차도 예측할 수 없다. 그 행동과 관련하여 작동되는 힘의 원리들을 알지 못하기 때문이다. 당신의 어떤 작은 행동 하나 때문에 많은 것들이 달라질 수도 있다는 점을 명심하라. 그 행동이 커다랗고 중요한 기회로 이어지는 문을 열어주는 계기가 될지도 모른다. 초월적 존재가 당신을 위해 세상의 질서와 만물을 어떻게 조합하고 움직이는지, 우리가 그 원리를 전부는 알 수 없다. 하지만 분명한 것은 게으름을 피워 어떤 사소한 일을 행하지 않으면, 당신이 원하는 것을 얻는 시기가 훨씬 늦어지거나 불가능해진다는 사실이다.

언제나 오늘 할 수 있는 모든 일을 미루지 말고 행하라. 물론 주의할 것이 있다. 최단 시간 안에 가급적 많은 것을 해내겠다는 생각으로 맹목적으로 일해선 안 된다. 내일의 일을 오늘 하는 것도 바람직하지 않고, 일주일 치 일을 단 하루에 끝내려고 성급하게 굴어서도 안 된다. 중요한 것은 행동의 양이 아니라 행동의 효율성이다.

모든 행동은 성공하거나 실패하거나 둘 중 하나다. 모든 행동은 효율적이거나 비효율적이거나 둘 중 하나다.

비효율적인 행동은 실패다. 따라서 비효율적인 행동을 계속하면 당신의 삶도 실패할 수밖에 없다. 비효율적인 행동을 하면 할수록 당신에겐 더 안 좋은 결과가 돌아온다. 반면 효율적인 행동은 성공을 부르므로, 효율적인 행동을 지속하면 당신 삶도 성공으로 향할 수밖에 없다. 실패하게 되는 원인은 비효율적인 방식으로 너무 많은 행동을 하고 효율적인 행동은 충분히 하지 않기 때문이다. 비효율적인 행동을 버리고 꾸준히 효율적인 방식으로 행동하는 사람만이 부자가 될 수 있다.

중요한 것은 어떤 행동을 할 때마다 언제나 그것이 효율적인 방식으로 이뤄지도록 하는 것이다. 당신은 분명히 그렇게 할 수 있다. 초월적 절대자인 신은 당신에게 우호적인 방향으로 움직이며 실패란 것을 모르기 때문이다. 신은 당신을 돕고자 한다. 따라서 매번 효율적인 행동을 하기 위해서는 신의 힘을 활용하면 된다.

모든 행동은 강하거나 약하다. 모든 행동을 강하게 행하면, 당신은 부자가 되는 특정한 방식으로 행동하고 있는 것이다. 행동을 강하고 효율적인 것으로 만들기 위해서는 마음속 그림에 집중해야 하고, 모든 신념과 의지를 거기에 쏟아야 한다.

정신의 힘과 행동이 분리된 사람은 반드시 실패한다. 그들은 정신의 힘을 이쪽에서 사용하고 행동은 저쪽에서 한다. 따라서 그들의 행동은 효율적이지 못하고, 성공에 이르지도 못한다. 하지만 당신의 모든 행동을 신이 도우면 아무리 평범한 행동도 성공적인 것이 될 수 있다.

자연의 섭리에 따라 하나의 성공은 또 다른 성공을 불러오고, 당신은 원하는 것에 생각했던 것보다 훨씬 빨리 도달하게 된다.

성공적인 행동은 누적되는 결과를 낳는다는 사실을 기억하라. 세상의 모든 존재는 보다 많은 생명력과 발전으로 향하려는 본래적 욕구를 갖고 있기 때문에, 우리가 보다 발전을 향해 움직이기 시작하면 더 많은 좋은 것들이 우리를 따라온다. 그리하여 우리가 가진 욕구의 힘과 영향력도 더욱 커진다.

날마다 할 수 있는 모든 것을 즉시 행하라. 그리고 반드시 효율적인 방식으로 행동하라.

사소하고 평범한 일을 포함해 어떤 행동을 할 때든 마음속 그림에 집중해야 한다는 것은, 매번 그 그림의 아주 세세한 부분까지 그리라는 뜻은 아니다. 자유로운 여가시간을 이용해 세세한 부분을 그리고 그것이 머릿속에 뚜렷하게 박힐 때까지 생각하고 또 생각하라. 빠른 결과를 얻고 싶다면 시간이 날 때마다 그런 연습을 하라. 이렇게 연습하여 습관을 들이면 당신이 원하는 목표의 자세한 부분까지 마음에 강하게 새겨지고 또 그것이 무형의 물질에 온전하게 각인된다. 그러면 당신은 평소 일상생활을 하는 동안에 그 그림을 떠올리기만 해도 신념과 의지를 강화할 수 있다.

시간이 날 때마다 마음속 그림을 집중적으로 생각하여 머릿속이 그것으로 가득 차게 하라. 그 그림이 주는 밝은 미래상과 즐거움 때문에 당신은 그것을 떠올리기만 해도 충만하고 강한 에너지로 넘치게 될 것이다.

이번 장에서 설명한 내용을 추가해, 지금까지 배운 것들을 다시 정리해보자.

하나. 생각하는 근본물질이 존재하며, 세상 모든 만물은

행동을 효율적으로 하는 지혜

이 물질에서 만들어진다. 또 이 물질은 우주의 모든 공간에 침투하고 스며들어 그곳을 가득 채우고 있다.

둘. 이 물질에 사고가 각인되면, 그 사고에 의해 그려진 존재가 창조된다.

셋. 인간은 머리로 사고할 수 있다. 따라서 그 생각을 무형의 물질에 각인하면 생각하는 대상을 창조할 수 있다.

이를 위해서는 경쟁 마인드를 버리고 창조 마인드를 가져야 한다. 또한 원하는 것을 선명하고 명확하게 마음속에 그리고, 신념과 의지를 유지하면서 매일 할 수 있는 모든 행동을 효율적인 방식으로 해야 한다.

66

자기 능력과 재능에 적합한 직업을 택하면
그렇지 않은 경우보다 쉽게 부를
얻을 수 있다.
하지만 이 점을 기억하라.
능력과 재능에 앞서
'정말 원하는' 일을 해야만 만족과
즐거움을 느끼면서
부자가 될 수 있다는 것을.
그리고 얼마나 많은 재능과 시간이
원하지도 않는 일을 하면서
소모되고 있는가를.

99

13

적절한 직업을 갖는 지혜

어떤 직업을 가진 사람이든 그의 성공을 결정짓는 중요한 요인은 해당 직업에서 필요한 능력과 재능을 충분히 갖췄는가 하는 점이다. 훌륭한 음악적 재능이 없는 사람은 음악 교사로 성공할 수 없다. 또 기계를 다루는 능숙한 기술이 없는 사람은 기술 직종에서 커다란 성공을 이루기 힘들다. 장사 수완과 요령을 갖추지 않으면 상업 분야에서 성공할 수 없다. 하지만 아무리 그렇더라도 능력이 전부는 아니다.

특정한 직업에 필요한 능력을 훌륭하게 갖췄다고 해서 반드시 부자가 되는 것은 아니다. 남다른 재능을 가졌음에도 가난에 허덕이는 음악가가 있고, 뛰어난 기술을 가졌으면서도 부유해지지 못하는 기술공과 목수도 많다. 마찬가지로 거래와 장사에 대한 수완이 좋은데도 사업에 실패하는 사람도 있다.

사람이 가진 능력과 재능은 연장과도 같다. 좋은 연장을 갖추는 것도 물론 중요하지만, 그 연장을 '올바르게' 사용하는 것도 중요하다. 어떤 사람은 톱과 직각자, 대패를 가지고 근사하고 멋진 가구를 만들어낸다. 그런데 어떤 사람은 똑같은 연장들을 사용해도 보기 흉한 가구를 만든다. 두 번째 사람이 실패하는 이유는 좋은 연장을 제대로 사용하지 못하기 때문이다.

우리가 지닌 다양한 정신적 능력과 재능은 부자가 되기 위한 일을 하는 데 필요한 연장이라고 할 수 있다. 알맞은 정신적 연장을 갖추고 일을 하면 해당 직업에서 성공할 확률이 높아진다. 일반적으로 볼 때, 자신의 가장 뛰어난 재능을 발휘할 수 있는 직업을 택해서 일해야 성공하기가 쉽다. 타고난 재능과 기질에 가장 잘 맞는 직업 말이다. 하지만 이 말에도 한계는 있다. 무조건 타고난 재능이 직업을 결정하고 그 직업을 절대 바꿀 수 없는 것은 아니기 때문이다.

그 어떤 직업을 가져도 우리는 부자가 될 수 있다. 만일 필요한 재능이 부족하다면 그 재능을 계발하면 된다. 즉 타고난 연장을 사용해야 한다고만 생각하지 말고, 살아가면서 점차 자신만의 연장을 개발하면 된다. 물론 훌륭한 재능을 이미 갖춘 분야에 뛰어드는 편이 훨씬 성공하기 쉽다. 하지만 당신이 마음만 먹으면 다른 분야에서도 얼마든지 성공할 수 있다. 재능이 모자라면 계발하면 된다. 당신에겐 어떤 재능이든 그 씨앗은 조금이라도 갖고 있기 때문이다.

자기 능력과 재능에 적합한 직업을 택하면 그렇지 않은 경우보다 쉽게 부를 얻을 수 있다. 하지만 이 점을 기억하라. 능력과 재능에 앞서 '정말 원하는' 일을 해야만 만족과 즐거움을 느끼면서 부자가 될 수 있다는 것을. 그리고 얼마나 많은 재능과 시간이 원하지도 않는 일을 하면서 소모되고 있는가를.

하고 싶은 일을 하면서 인생을 사는 것이 마땅히 옳다. 하기 싫은 일을 억지로 해야 한다면, 그리고 정말 원하는 일은 하지 못한다면, 그런 삶에서 어떻게 만족과 행복을 느끼겠는가? 당신은 얼마든지 원하는 일을 하면서 살 수 있다. 무언가를 하고 싶은 욕구가 느껴진다는 것은 곧 그 일을 할 수 있는 힘과 능력이 당신 내면에 존재한다는 증거다.

욕구와 바람은 힘이 존재한다는 암시다. 음악을 연주하고 싶은 마음이 든다는 것은, 음악을 연주할 수 있는 당신 내면의 힘이 밖으로 표출되길 원한다는 것이다. 기계를 발명하고 싶은 욕구가 느껴진다면, 그것은 당신 내면에 있는 기계 분야의 재능이 발현되길 원하는 것이다. 무언가를 할 수 있는 힘과 재능(그것이 계발되었든 아니든 상관없이)이 없다면, 그 일을 하고 싶은 욕구 또한 발생하지 않는다. 그리고 무언가를 꼭 하고 싶은 욕구가 생긴다는 것은 그걸 할 수 있는 능력이 내면에 잠자고 있다는 증거다. 그러니 그 힘을 이끌어내 제대로 사용하기만 하면 된다.

다른 조건이 모두 동일하다면, 당신이 가장 뛰어난 재능을 발휘할 수 있는 직업을 선택하는 것이 바람직하다. 하지만 어떤 특정한 직업이나 분야에 뛰어들고 싶은 열망이 너무나 강하다면, 지금 재능과 능력이 부족하더라도 그 직업을 당신의 목표로 삼아라. 당신은 원하는 일을 하며 살 수 있고 내면의 능력은 반드시 발현된다.

당신은 가장 좋아하고 만족할 수 있는 직업을 추구할 권리를 갖고 있다. 싫어하는 일을 억지로 해야 할 의무는 없다. 또 원하는 직업에 보다 가까이 가도록 만들어주는 수단이 아닌 한, 싫어하는 일을 해서는 안 된다.

과거의 실수 때문에 어쩌다가 마음에 들지 않는 직업에서 일하고 있다면, 당분간은 그 일을 해야만 할지도 모른다. 하지만 그 일이 앞으로 원하는 직업을 얻기 위한 하나의 과정이라고 생각하면 지금 그 자리에서도 즐겁게 일할 수 있을 것이다. 현재의 직장이나 직업이 마음에 들지 않는다 해도 너무 조급하게 다른 일을 찾으려 들지 말라. 일반적으로 직업이나 일하는 환경을 바꿀 때는 서서히 발전과 성장을 거치면서 변화를 겪는 것이 가장 바람직하다. 하지만 어떤 기회가 다가왔는데 아무리 생각하고 생각해도 그것이 다시 잡을 수 없는 최적의 기회라고 판단되면, 갑자기 변화를 가하는 것도 현명한 일일 수 있다. 가끔은 그런 과감한 용기도 필요하다. 그러나 그런 변화가 옳다는 확신이 들지 않는다면, 조금이라도 의심이 든다면, 갑작스러운 변화는 시도하지 말라. 창조적 마인드로 임하는 경기장에서는 조급하게 서두를 필요가 없다. 당신에게 찾아올 기회는 얼마든지 많기 때문이다.

경쟁 마인드를 떨쳐버리고 나면, 절대 서두를 필요가 없다는 걸 알게 될 것이다. 당신이 원하는 것을 이루지 못하게 방해할 사람은 아무도 없다. 모두를 위한 충분한 기회와 부가 존재하기 때문이다. 한 자리가 채워진다고 해도, 그보다 더 훌륭하고 좋은 자리가 금세 당신 앞에 나타날 것이다. 시간도 충분하다. 혹시라도 마음속에 의심이 일어난다면, 차분하게 기다려

라. 그리고 마음속 그림에 집중하고 신념과 의지를 붙잡아라. 의심과 회의가 슬금슬금 고개를 들 때마다 감사하는 마음을 키워라.

원하는 그림을 집중적으로 생각하고 당신이 얻을 것에 대해 간절히 감사하는 마음을 가지면서 며칠을 보내보라. 이런 시간은 당신을 신에게 한층 가까이 가게 만들어주고, 따라서 당신은 경쟁 마인드에 휩싸이거나 부적절한 행동을 하는 일이 없어지게 된다. 모든 것을 아는 전지전능한 '초월적 정신'이 존재함을 잊지 말라. 깊이 감사하는 마음을 지니고, 발전하고 성장하겠다는 신념과 의지를 지니면 당신은 그 정신과 조화로운 관계를 유지할 수 있다.

조급하게 행동하지 말라. 두려움과 의심을 품고 행동하지 말라. '올바른 동기를 지닌 신성한 힘'의 존재를 잊지 말라. 그걸 잊으면 당신은 실수를 범하고 부적절한 행동을 하게 된다. 특정한 방식을 계속 실천하면 당신에게 찾아오는 기회들이 점점 늘어난다. 신념과 의지를 굳게 하고, 진실한 감사의 마음을 가짐으로써 신과 가까운 관계를 유지하라. 가장 올바르고 효율적인 방식으로, 할 수 있는 모든 일을 매일 하라. 단 서두르지 말고, 걱정하지 말고, 두려워하지 말라. 최대한 부지런히 움직이되 조급하게 서두르지는 말라.

서두르기 시작하는 순간 당신은 창조자가 아니라 경쟁자가 된다. 서두르기 시작하는 순간, 당신은 지난날 머물렀던 경쟁을 위한 경기장으로 후퇴하게 된다.

조급해졌다고 느껴지면 즉시 그 위치에서 멈춰라. 마음속 그림에 집중하고, 당신이 얻게 될 것들에 감사하라. 감사하는 태도는 신념을 굳건하게 해주고 의지를 새롭게 만든다.

/

66

사람들은 가난은 죄가 아니라고 말하지만
아주 찢어지게 가난한 것은 끔찍한
죄악이다. 절대빈곤이 되면 인간사회에서
몽둥이로 두들겨 맞고 쫓겨나는 정도가
아니라 비로 쓸어냄을 당한다.
사람이 가난의 밑바닥을 헤매면
자기 스스로를 모욕하게 된다.

도스토옙스키

99

"

성공에 대해 요란하게 떠들며 자랑하지
말라. 진정한 신념을 지닌 사람은 결코
자랑하지 않는다. 과시하고 자랑하는
사람은 무언가가 두렵거나 불안하기
때문에 그러는 것이다. 당신의 모든 행동과
말투와 표정에 부자가 되어가는 중이라는,
또는 이미 부자라는 조용한 확신이
나타나도록 하라.

"

14

발전하는 인간관계를 맺는 지혜

직업을 바꾸게 되든 그렇지 않든, 현재를 위한 당신의 행동은 현재 몸담고 있는 분야와 관련된 것이어야 한다. 현재 갖고 있는 직업을 건설적인 방식으로 활용하고 날마다 특정한 방식으로 행동함으로써 당신은 원하는 직업을 얻을 수 있다.

다른 이들과 관계를 맺어야 하는(직접 마주하든 이메일을 통하든) 직업을 갖고 있다면, 그들과 교류할 때 언제나 발전과 풍요의 느낌을 전달하도록 하라. 사람은 누구나 발전과 풍요를 원한다. 또한, 그것은 우리 안에 있는 무형의 생각하는 물질이 보다 온전한 발현을 추구하는 충동이기도 하다.

세상 모든 만물은 발전과 풍요를 향한 욕구를 갖고 있다. 또한 그것은 이 우주의 근원적인 욕구이기도 하다. 인간의 삶과 활동을 생각해보라. 인간이 하는 모든 활동은 더 발전하고 더 풍요로워지려는 욕구를 토대로 한다. 우리는 더 맛있는 음식, 더 훌륭한 옷, 더 나은 보금자리, 더 큰 만족, 더 큰 아름다움, 더 많은 지식, 더 커다란 즐거움을 추구하지 않는가? 다시 말해 무언가 더 많아지고 더 나아지고 더 풍요로워지길 원한다. 살아 있는 모든 생명체는 이처럼 계속 발전하려는 욕구를 지닌다. 생명의 발전이 멈추면, 그 자리엔 곧 소멸과 죽음이 찾아든다. 인간은 본능적으로 이 사실을 인지하고 있다. 따라서 더 많고 더 나은 것을 지향하는 것이다. 부를 늘리려는 욕구는 잘못된 것도, 비난받아야 할 것도 아니다. 그것은 보다 풍요로운 삶을 살려는 소망이기 때문이다. 그리고 이는 인간이 지닌 근원적 본능이기 때문에, 우리는 누구나 생명력과 풍요로움을 더해주는 사람에게 저절로 끌리게 되어 있다.

이 책이 설명하는 특정한 법칙을 실천하면 당신은 끊임 없이 발전과 풍요를 누릴 수 있다. 또 거기서 그치는 것이 아니라, 당신과 관계를 맺는 모든 이들에게도 발전과 풍요를 전달할 수 있다. 당신이 창조의 중심이 되어, 당신에게서 나오는 발전과 풍요가 주변 모든 이들에게 전달되는 것이다. 이 말은 진실이다. 그러니 만나는 모든 이들에게 이 사실을 알려주어야 한다. 아무리 사소한 거래에서도, 즉 어린아이에게 사탕 하나를 팔 때라도, 그 거래에서 발전과 풍요라는 기운이 느껴지게 만들어라. 상대방이 그 기운을 전달받게 하라.

어떤 일을 하든, 어떤 행동을 하든, 발전과 풍요라는 인상을 전달하라. 당신이 '발전하는 사람'이라는 느낌을, 당신이 관계 맺는 모든 사람들을 발전하게 이끈다는 느낌을 주어라. 사업상의 이유가 아니라 사교적인 이유로 만나는 이들에게도 그런 인상을 주어라. 이런 인상과 느낌을 전달하려면, 스스로 '나는 발전과 풍요를 향해 가고 있다.'는 확실한 믿음을 가져야 하고, 그런 믿음이 자신의 모든 행동에 스며들어 있어야 한다.

어떤 행동을 할 때나 스스로 발전하고 있다는 자신감, 타인의 발전을 돕고 있다는 생각으로 행동하라. 당신 자신이 부자가 되어가는 중이며 그 과정에서 타인을 풍요롭게 만들며 그들에게 이로움을 준다고 생각하라.

성공에 대해 요란하게 떠들며 자랑하지 말라. 진정한 신념을 지닌 사람은 절대 자랑하지 않는다. 과시하고 자랑하는 사람은 무언가가 두렵거나 불안하기 때문에 그러는 것이다. 당신의 모든 행동과 말투와 표정에 부자가 되어가는 중이라는, 또는 이미 부자라는 조용한 확신이 나타나도록 하라. 이러한 느낌을 전달하기 위해서 굳이 말로 설명할 필요가 없다. 사람들은 당신 곁에 있을 때 발전과 풍요의 기운을 저절로 감지할 테니까 말이다.

사람들에게 당신과 만나기만 한다면 자신도 발전하고 풍요로워질 것이라는 느낌을 주어라. 상대방에게 받은 현금 가치보다 더 커다란 사용 가치를 주어라. 자신감을 갖고 그렇게 행동하라. 만일 당신이 사업을 하고 있다면 당신에게 찾아오는 고객이 끊이지 않을 것이다. 다시 한번 말하지만, 사람들은 누구나 발전과 풍요의 기운이 느껴지는 장소로 발길을 향하기 마련이다. 당신이 그런 기운을 발산하면, 모든 만물을 위한 풍요를 추구하는 신이 전에는 당신을 전혀 알지 못하던 사람들까지도 당신 쪽으로 이끌어줄 것이다. 사업은 빠르게 번창하고, 당신은 빠르게 늘어나는 이익에 놀라움을 금치 못할 것이다. 점점 더 큰 고객을 만나고, 더 큰 이익을 손에 넣고, 더 맘에 드는 일을 얻을 것이다.

그런데 조심해야 할 점이 한 가지 있다. 타인 위에 군림하면서 권력과 힘을 누리려는 위험한 충동을 경계하라. 성숙하지 못한 인간은 남을 짓밟고 힘을 행사하는 것에서 커다란 만족을 느낀다. 이기적 쾌락과 만족을 채우고자 사람들을 지배하려는 욕망은 세상에 커다란 재앙을 초래하지 않았던가? 오랜 세월 동안 수많은 왕과 군주들이 영토를 확장하기 위한 야욕을 채우느라 땅을 피로 물들였다. 이는 모든 이를 위한 발전을 추구한 것이 아니라 자신을 위해 더 큰 권력을 확보하려는 행태였다.

오늘날 비즈니스 세계의 많은 인물들도 그와 유사한 동기를 갖고 행동한다. 그들은 돈이라는 무기를 동원하여 타인을 짓밟고, 타인을 지배할 권력을 얻으려 투쟁하는 과정에서 수많은 사람들의 삶을 망가뜨린다. 정치적 군주들과 마찬가지로 비즈니스 세계의 왕들 역시 권력을 향한 탐욕에 의해 움직인다. 권력을 손에 넣으려는 유혹, 타인을 지배하는 주인이 되려는 유혹, 사람들 위에 군림하려는 유혹, 호화로움과 사치로 남들을 제압하려는 유혹에 빠지지 않도록 조심하라. 남을 지배하려는 생각은 경쟁 마인드이며, 이는 창조 마인드와 거리가 멀다. 운명과 환경의 주인이 되기 위해 다른 사람들 위에 올라가 지배력을 행사해야 한다고 착각하지 말라. 높은 자리의 권력을 얻기 위한 싸움터에 들어가는 순간, 당신은 운명과 환경의 주인이 아니라 노예가 된다. 그러면 부자가 되는 것은 운과 요행에 따라 결정된다.

경쟁 마인드를 경계하라. 새뮤얼 M. 존스(Samuel M. Jones)가 말한 다음의 황금률은 창조적 행동의 법칙을 무엇보다도 잘 나타내준다. "나는 내가 얻길 바라는 것을 다른 사람들도 얻길 바란다."

66

상사나 고용주의 눈에 들어 승진하겠다는
욕심으로 그들에게 아첨하겠다는 생각은
버려라. 때로 그런 사람은 고용주에게
인정받는다. 하지만 고용주는 그런 사람을
승진시키려 하지 않는다.
그가 승진하여 다른 자리에 가는 것보다
현재 그 자리에 있을 때,
그리고 그렇게 행동하고 있을 때
더 가치가 있기 때문이다.

99

15

발전하는 사람이 되는 지혜

앞 장에서 말한 내용은 상업에 종사하는 사람뿐 아니라 다른 직업을 가진 사람, 월급을 받는 사람에게도 모두 똑같이 적용된다. 의사든, 교사든, 성직자이든 다른 이들에게 발전과 풍요의 느낌을 전달한다면, 사람들은 그에게 끌릴 것이고 그는 부자가 되는 길에 들어설 수 있다. 훌륭한 치료자가 된 자신의 모습을 마음속에 선명하게 그리고 신념과 의지를 갖고 그것을 실현하려고 노력하는 의사는 신과 가까워진다. 그런 의사의 병원은 찾아오는 환자들로 넘칠 것이고 커다란 성공을 거둘 것이다.

이 책의 내용을 실천하여 효과를 경험할 수 있는 기회를 가진 사람 중 하나는 의사다. 그가 어떤 대학을 나왔고 어떤 분야의 의사인가는 중요하지 않다. 성공한 모습을 마음속에 선명하게 그리고 신념과 의지와 감사의 법칙을 따르는 의사는 어떤 환자도 치료할 수 있다.

종교 분야의 경우, 세상은 풍요로운 삶을 누릴 수 있는 진정한 방법을 가르칠 성직자를 간절히 원하고 있다. 풍요로워지는 방법, 건강하고 위대한 삶을 사는 방법을 깨닫고 그것을 연단에서 가르치는 성직자 주변에는 그의 말을 듣고자 하는 사람들이 끊이지 않는다. 그것이야말로 세상에 필요한 복음이다. 사람들은 삶을 발전시키는 그러한 원칙을 기쁜 마음으로 듣고, 그것을 알려주는 사람을 진심으로 지지한다.

우리에게는 그러한 원칙을 삶을 통해 직접 보여주는 모범이 되는 사람이 필요하다. 방법을 설명하는 데서 그치는 것이 아니라 실천을 통해 본보기를 보일 설교자가 필요하다. 그 자신이 스스로 부와 건강과 위대함의 주인이 되고, 그것들을 어떻게 얻었는지 가르쳐줄 사람 말이다. 그런 사람에게는 수많은 추종자들이 생기기 마련이다. 발전과 풍요를 향한 삶에 대한 신념과 의지를 갖고 학생을 가르치는 교사도 마찬가지다. 그런 교사는 결코 일자리를 잃는 일이 없다. 그런 신념과 의지를 삶의 당연한 일부로서 가진 교사는 그것을 자연스럽게 학생들에게도 전달한다.

이 모든 것은 비단 교사나 성직자, 의사에게만 국한되는 얘기가 아니다. 변호사, 부동산업자, 보험업자 등 직업을 가진 모든 사람에게 해당된다. 정신과 행동이 결합하면 결코 실패하지 않는다. 내가 설명한 방식을 꾸준히 실천하는 사람은 반드시 부자가 된다. '발전과 풍요의 법칙'은 마치 중력의 법칙처럼 정확한 지혜이다. 책의 서두에서 말했듯이 부자가 되는 것은 정밀과학이다.

월급을 받는 직장인도 이 법칙을 실천하면 풍요로움의 주인이 될 수 있다. 지금 당장 발전을 위한 기회가 보이지 않는다고 해서, 또는 적은 월급 때문에 생계를 유지하기가 벅차다고 해서 부자가 될 기회가 없는 것이 아니다. 마음속에 원하는 목표를 생생하게 그리고 신념과 의지를 갖고 행동하라.

할 수 있는 모든 일을 매일 하되, 각각의 일을 성공적인 방식으로 행하라. 성공하고 부자가 되겠다는 의지를 갖고 매사에 임하라.

상사나 고용주의 눈에 들어 승진하겠다는 욕심으로 그들에게 아첨하겠다는 생각은 버려라. 때로 그런 사람은 고용주에게 인정받는다. 하지만 고용주는 그런 사람을 승진시키려 하지 않는다. 그가 승진하여 다른 자리에 가는 것보다 현재 그 자리에 있을 때, 그리고 그렇게 행동하고 있을 때 더 가치가 있기 때문이다.

진정한 발전을 이루기 위해서는 자기 자리에서 넘치는 능력을 발휘하는 것 이상이 필요하다. 자신의 역할에서 능력을 발휘하는 동시에 앞으로 이루고 싶은 목표에 대해 명확한 그림을 가진 사람은 반드시 발전한다. 원하는 존재가 될 수 있다고 생각하는 사람은 반드시 발전한다. 고용주에게 잘 보이겠다는 생각으로 현재 자리에서 억지로 무리한 업무를 감당하려고 하지 말라. 꼭 무리하고 싶다면 차라리 당신 자신의 발전을 위해서 무리하라. 일하는 동안에도, 출근하기 전이나 퇴근한 후에도 언제나 발전에 대한 신념과 의지를 잃지 말라. 그래서 상사든 동료든 다른 사회적 관계를 맺은 사람이든, 하루 중에 당신이 만나는 모든 사람이 당신에게서 나오는 의지와 힘을 느끼도록 하라. 당신을 만났을 때 발전과 풍요의 기운을 느끼면 그들은 자연스럽게 당신에게 끌리게 되어 있다. 지금의 직업에서 발전할 기회가 별로 안 보인다 하더라도 곧 다른 좋은 일을 얻을 기회가 찾아올 것이다.

내가 말하는 원칙을 따르는 사람에게 신은 반드시 기회를 준다. 신은 자기 자신을 위해서라도 당신을 도울 수밖에 없다. 당신 주변의 어떤 환경이나 사회적 상황도 당신을 퇴보시키지 못한다. 회사에서 일해 부자가 될 수 없다면 농장에서 일해 부

자가 될 수 있다. 특정한 방식으로 행동하기 시작하면 직장이
라는, 하기 싫은 밥벌이의 구속에서 빠져나와 원하는 어떤 일
로든 옮겨갈 수 있다.

만일 억압적이고 재미없는 회사에서 일하는 직원들이 모
두 특정한 방식을 실천하기 시작한다면 아마 그 회사는 곧 난
처한 상황에 처할 것이다. 그 회사는 스스로를 바꾸어 직원 모
두에게 더 많은 기회를 주거나, 그렇지 않다면 회사 문을 닫아
야 할지도 모른다. 누구든 반드시 조직에 속해서 일해야 할 필
요는 없다. 직원들이 부자가 되는 법칙에 대해 알지 못하는 경
우, 또는 알기는 하지만 너무 게을러서 그것을 실천하지 못하
는 경우에만, 회사는 그들을 열악한 환경에 붙잡아두고 이용
할 수 있다.

내가 설명한 대로 신념과 의지를 가지면 당신 삶을 발전시
킬 훌륭한 기회들이 보이기 시작할 것이다. 당신이 이 원칙을
제대로 실천하면 그런 기회는 빠르게 다가온다. 만물에 내재
하며 언제나 당신 편에 서 있는 초월적 힘이 기회를 가져다주

기 때문이다. 최고의 기회가 찾아올 때까지 기다리지는 말라. 현재의 당신보다 조금 더 발전할 수 있는 기회가 찾아왔고 거기에 끌린다면, 주저하지 말고 붙잡으라. 그것은 훨씬 더 큰 기회로 향하는 첫걸음일지도 모른다. 발전과 풍요를 원하고 추구하는 인간에게는 절대로 기회가 부족해지지 않는다.

이 우주는 그런 사람을 지지하고 그의 이익을 위해 움직이게끔 되어 있다. 특정한 방식으로 생각하고 행동하면 반드시 부자가 된다. 그러므로 현재 어떤 일을 하는 사람이든 이 책의 내용을 읽고 실천하면 절대 실패하지 않는다.

"

말을 조심하라. 당신 자신,
당신과 관련된 일들, 그 어떤 것에 대해
말할 때도 부정적이고 절망적인 태도로
이야기하지 않도록 주의하라.
실패할 가능성을 절대 인정하지 말고
실패를 암시하는 방식으로도 말하지 말라.

"

16

결론

아마도 부자가 되는 과학적 지혜나 특정한 법칙이 존재한
다는 말을 많은 사람들은 선뜻 믿지 못할 것이다. 그들은 부
의 공급량에 한계가 있다고 여기기 때문에, 많은 이들이 풍요
로운 삶을 영위하기 위해서는 먼저 사회 제도와 정부의 정책이
변해야 한다고 주장할 것이다.

하지만 그것은 사실이 아니다.

정부의 정책이 많은 사람을 가난에서 벗어나지 못하게 만드는 요인이 되는 것은 사실이다. 그러나 그렇더라도 각 개인이 가난한 근본적인 이유는 내가 말한 특정한 방식으로 생각하거나 행동하지 않기 때문이다. 만일 많은 사람이 이 책의 내용을 실천하며 발전하기 시작하면, 그 어떤 정부나 기업도 그 움직임을 막을 수 없다. 사람들이 발전하는 마인드와 부자가 되겠다는 신념을 굳게 갖고 행동하기 시작하면, 그 어떤 힘도 그들의 가난을 지속시키지 못한다.

각 개인은 어떤 시대, 어떤 정부 아래서도 특정한 방식을 실천하여 부자가 될 수 있다. 개인들이 이 원칙을 따르면 사회의 시스템도 바뀌고 이로써 더 많은 이들에게 길이 열린다. 경쟁에서 이겨 부를 얻는 사람이 많아질수록 나머지 사람들은 불리해진다. 하지만 창조적 방식으로 부자가 되는 사람이 많아지면 나머지 사람들도 함께 이로움을 얻는다. 이 책에 소개된 방법을 실천해 부자가 되는 사람이 늘어나야만 대중을 재정적으로 구원할 수 있다. 그들이 나머지 사람들에게 길을 보여주고, 신념과 의지를 통해 풍요로운 삶을 성취하겠다는 의

욕을 불어넣게 되기 때문이다.

어떤 정부나 산업구조도 부자가 되겠다는 당신의 목표를 방해할 수 없다는 사실을 기억하라. 창조적인 방식으로 생각하기 시작하면 현재의 모든 시스템에 상관없이 당신은 전혀 다른 왕국의 구성원이 될 수 있다. 부의 공급이 제한되어 있다는 믿음이나 남과 경쟁하려는 생각에 잠시라도 빠지지 말라.

과거의 사고방식이나 행동 습관으로 돌아가려 할 때마다 즉시 마음을 다잡고 방향을 수정하라. 경쟁이라는 관점에서 바라보면 우주의 힘이 당신에게서 등을 돌리기 때문이다. 미래에 다가올지 모를 위험에 대한 대비책을 만드는 데 시간을 낭비하지 말라. 그것이 현재의 행동에 영향을 미치지 않는 한 말이다. 지금 당신의 자리에서 올바르게 행동하는 데 전념하라. 내일의 위험은 그것이 다가왔을 때 얼마든지 해결할 수 있다.

당신의 직업이나 사업을 가로막을 미래의 장애물을 극복

할 방안에 대해 신경 쓰지 말라. 그것을 피하기 위해 현재의 행동이나 방향을 반드시 수정해야만 하는 경우가 아니라면 말이다. 멀리서 볼 때 아무리 거대하고 어려워 보이는 장애물이라도, 꾸준히 특정한 방식만 실천하면 가까이 갈수록 그 장애물은 사라질 것이다. 설령 사라지지 않더라도 그것을 극복하거나 피해갈 방법을 자연스럽게 찾게 된다.

어떤 사건이나 환경도 과학적 지혜를 따라 부를 향해 가는 사람을 방해하지 못한다. 2에 2를 곱하면 반드시 4가 되는 것과 마찬가지로 이것은 틀림없는 진리다.

재난, 장애물, 공포, 불리한 환경이나 사건을 걱정하지 말라. 그런 것들이 다가오면 대응할 수 있는 충분한 시간이 있을 것이다. 고난과 역경이 찾아올 때는 그것을 극복할 수 있는 방법도 함께 오기 마련이다.

말을 조심하라. 당신 자신, 당신과 관련된 일들, 그 어떤 것에 대해 말할 때도 부정적이고 절망적인 태도로 이야기하지 않도록 주의하라. 실패할 가능성을 절대 인정하지 말고 실패를 암시하는 방식으로도 말하지 말라.

힘들었던 시기나 불안정한 사업 환경에 대한 이야기도 입에 담지 말라. 경쟁 마인드를 가진 사람은 종종 힘든 시기와 불안정한 환경을 겪지만, 당신에겐 결코 그런 일이 일어나지 않을 것이다. 당신은 원하는 것을 창조할 수 있고 두려움을 이겨낼 수 있다. 남들이 곤경에 빠지거나 사업 실패를 겪을 때도 당신만은 최고의 기회를 얻을 것이다.

세상을 늘 발전하는 곳이라고 바라보는 시각을 가져라. 혹시 나쁘게 보이는 대상이 있다면, 그것이 아직 자신의 잠재성을 충분히 발현하지 못한 것일 뿐이라고 생각하라. 언제나 당신이 하는 말에 발전과 풍요의 느낌을 담아라. 그렇게 하지 않는 것은 곧 신념을 부인하는 것이고, 신념을 부인하면 신념을 잃게 된다. 어떤 일에도 좌절하지 말라. 때가 되면 무언가를 얻으리라고 예상했는데 그것을 얻지 못한 경우, 스스로가 실패자가 된 것처럼 느껴질 수도 있다. 그러나 신념만 잃지 않고 계속 앞으로 나아간다면, 사실상 그것이 겉모습만 실패였다는 사실을 깨닫게 될 것이다. 항상 특정한 방식으로 행동하면, 당장 원하는 것을 손에 넣지 못한다 할지라도 얼마 후 훨씬 더 훌륭한 것을 얻게 된다. 그러면 과거에 실패처럼 보였던 일이 사실은 큰 성공을 위한 과정이었음을 알게 된다.

부자가 되는 과학적 지혜를 배운 한 남자가 어떤 사업을 구상했다. 그 사업은 대단히 성공 가능성이 높았으므로 그는 큰 희망을 품고 목표를 실현하기 위해 노력했다. 그런데 어떤 결정적인 순간이 왔을 때, 전혀 예상치 못한 사건이 발생하여 사업에 치명적인 큰 낭패를 경험하고 말았다. 마치 어떤 보이지 않는 나쁜 힘이 그의 성공을 막기 위해 방해한 것만 같았다. 하지만 그는 좌절에 휩싸이지 않았다. 오히려 실패를 경험한 것에 대해 신에게 감사하고, 이후에도 어떤 상황에서나 감사하는 마음을 가졌다. 그런데 몇 주 후에 이전보다 훨씬 더 좋은 기회가 그를 찾아왔다. 그는 깨달았다. 그보다 많은 것을 아는 초월적 존재가 자신에게 더 훌륭한 기회를 주기 위해 처음에 나쁜 일을 경험하게 했다는 사실을 말이다.

겉으로 보기에 실패로 보이는 모든 상황이나 사건도 이와 마찬가지다. 신념과 의지를 갖고 감사하는 태도를 잃지 않으며 날마다 할 수 있는 모든 일을 성공적인 방식으로 행하면, 결국 훨씬 더 커다란 기회가 당신을 찾아온다.

당신이 실패를 경험하는 것은, 강렬하게 원하고 요청하지 않았기 때문이다. 특정한 방식을 꾸준히 실천하라. 그러면 당신이 원하는 것보다 훨씬 더 훌륭한 것이 틀림없이 찾아온다.

원하는 일을 하는 데 필요한 재능이 부족해서 실패하는 경우는 없을 것이다. 내가 말한 방식만 제대로 실천하면 필요한 재능을 얼마든지 키울 수 있다. 지금 이 책은 재능을 계발하는 과학을 주제로 다루는 것이 아니므로 길게 설명하진 않겠지만, 그 역시 부자가 되는 과학과 마찬가지로 확실하고 간단하다. 노력한다 해도 어떤 시점에 이르면 결국 재능과 능력 부족 때문에 실패를 맛볼 것이라고 지레 두려워하거나 주저하지 말라. 계속 앞으로 나아가라. 그 시점에 이르렀을 때, 반드시 필요한 능력이 생겨날 것이다.

교육도 제대로 받지 못한 링컨이 대통령의 자리에 올라 역사상 위대한 업적을 이룬 것을 생각해보라. 그가 지닌 것과 똑같은 능력과 잠재력이 당신 안에도 존재한다. 당신에게 어떤 책임과 의무가 주어지면 온 마음을 쏟아 그것을 수행하라.

강한 신념을 잃지 말라. 이 책을 주의 깊게 읽어라. 내용을 완전히 당신 것으로 만들 때까지 늘 곁에 두고 읽어라. 신념을 확고하게 만들어 가는 동안에는 다른 모든 오락을 멀리하라. 이 책의 내용과 반대되는 강의나 설교를 하는 자리에 참석하지 말라. 부정적인 내용의 책도 읽지 말고 부정적인 주제로 타인과 논쟁하지 말라. 시간 날 때마다 마음속 그림을 선명하게 유지하기 위해 노력하고, 감사하는 태도를 기르고, 이 책을 읽어라.

66

갖고 싶은 대상, 하고 싶은 일,
되고 싶은 존재에 대해
선명하게 마음속에 그림을 그려라.
그 그림을 굳게 간직하면서,
원하는 바를 모두 내려줄 초월적 존재에게
감사하라. 마음속 그림에 집중하는 것,
또 굳건한 신념과
깊은 감사의 마음을 갖는 것은
대단히 중요하다.

99

17

개요

생각하는 근본물질이 존재하며, 세상 모든 만물은 이 물질에서 만들어진다. 또 이 물질은 우주의 모든 공간에 침투하고 스며들어 그곳을 가득 채우고 있다. 이 물질에 사고가 각인되면, 그 사고에 의해 그려진 존재가 창조된다. 인간은 머리로 사고할 수 있다. 따라서 그 생각을 무형의 물질에 각인하면 생각하는 대상을 창조할 수 있다.

이를 위해서는 경쟁 마인드를 버리고 창조 마인드를 가져야 한다. 경쟁하려는 마음을 가지면 무형의 생각하는 물질과 조화로운 관계를 유지할 수 없다. 이 물질은 경쟁이 아니라 창조적인 기운으로 가득하기 때문이다.

인간은 자신이 받는 축복과 좋은 일에 깊이 감사해야만 무형의 물질과 온전한 조화를 이룰 수 있다. 감사하는 태도는 인간의 정신을 무형의 물질이 지닌 정신과 합일되게 만든다. 그래야만 무형의 물질이 인간의 생각을 받아들인다. 진실하게 감사하는 마음을 늘 지녀야 무형의 물질과 하나를 이룰 수 있고, 그래야만 인간은 창조적 영역에 머물 수 있다.

갖고 싶은 대상, 하고 싶은 일, 되고 싶은 존재에 대해 선명하게 마음속에 그림을 그려라. 그 그림을 굳게 간직하면서, 원하는 바를 모두 내려 줄 초월적 존재에게 감사하라. 마음속 그림에 집중하는 것, 또 굳건한 신념과 깊은 감사의 마음을 갖는 것은 대단히 중요하다. 그렇게 해야만 원하는 소망이 무형의 물질에 각인되고 창조적 힘이 작동하기 시작하기 때문이다.

창조적 에너지는 발전과 성장 과정이 일어나게 돕는, 원래 존재하는 자연의 통로를 통해 움직이며, 산업 및 사회 질서 속에서 작동한다. 이 책에 소개한 원칙을 실천하는 사람은 마음속 그림에 있는 모든 것을 성취하게 된다. 이미 존재하는 상업과 사회 제도의 통로를 통해 원하는 것이 그에게 다가온다.

원하는 것이 다가왔을 때 그것의 주인이 되려면 적극적인 자세로, 그리고 특정한 방식으로 행동해야 한다. 현재 자신의 역할을 다하는 것 이상의 무언가를 해야 한다. 마음속 그림을 실현해 부자가 되겠다는 의지를 잃지 말라. 날마다 할 수 있는 모든 일을 지금, 그 자리에서, 당장 하되 효율적인 방식으로 행하라. 언제나 자신이 받은 현금 가치보다 더 커다란 사용 가치를 상대에게 주어야 하며, 모든 관계와 거래가 발전과 풍요를 향하도록 하라. 늘 발전과 풍요만을 생각하여, 만나는 모든 이들에게 그러한 기운이 전해져야 한다.

여기에 담긴 내용을 행동하고 실천하는 사람은 반드시 부자가 된다. 마음속 그림이 얼마나 선명한가, 의지와 신념이 얼

마나 굳건한가, 감사하는 마음이 얼마나 진실한가에 비례하여
당신에게 찾아오는 부가 늘어난다는 사실을 명심하라.

66

부자처럼 생각하고 부자처럼 행동하라.
그러면 나도 모르는 사이에
부자가 되어 있다.
항상 기뻐하라. 그래야 기뻐할 일들이
줄줄이 따라온다.
힘들어도 웃어라.
절대자도 웃는 사람을 좋아한다.
돈을 애인처럼 사랑하라.
사랑은 기적을 보여준다.

이건희

99

"

모든 만물이 당신을 위해 움직인다.
당신이 간절히 원하는 것,
당신이 꿈꾸는 그것을 쉽게 포기하지 말고,
조금도 의심하지 말고, 믿고 행동하라.
우주와 신은 당신 편이다.

"

편역자의 말

　단 한 번뿐인 우리의 삶을 절실하게 돌아보게 하는 월레스 워틀스Wallace D. Wattles의 강한 낙관주의, 그 배경에는 가난한 사람들에 대한 깊은 연민이 녹아 있다. 그가 전하는 메시지는 특히 가난으로 자포자기하여 삶을 저버리고 싶은 유혹에 직면한 이들에게 더할 나위 없는 용기를 준다. 워틀스 자신도 실패를 거듭하며 가난하게 살았지만, 끝까지 낙관의 의지를 놓지 않았으며 말년에야 부자가 되는 원리와 방법을 확립해 크게 성공하였다.

이 책에서 이야기하는 '부자'는 존 록펠러John Davison Rockefeller나 워런 버핏Warren Buffett처럼 이른바 전 세계에 서 손꼽히는 큰 부자를 가리키지 않는다. 이런 부자들은 처절한 경쟁에서 살아남아 모든 것을 승자 독식한 부자일 뿐이다. 그러나 이 책에서 이야기하고자 하는 부자는 치열한 경쟁에서의 승리와 운을 필요로 하지 않는다. 철저히 자신의 삶에 기반하여 자신을 제대로 바라보고, 긍정의 힘에 대한 신념으로 현재의 일에 경쟁이 아닌 창조로 매진하면 누구나 올바른 부자가 될 수 있다고 말한다.

이미 온 우주와 세상은 긍정적인 에너지로 가득 차 있다. 생태적 범신론과 퓨리터니즘이 결합되어 가장 건강하고 힘차게 내적 정신이 뻗어 나가던 19세기, 미국의 많은 사상가들은 이 사실을 충분히 감지하였다. 특히 이 시기의 대표적 사상가 중 하나인 랠프 에머슨Ralph Waldo Emerson은 워틀스에게 강한 영감을 주었다. 마음을 열어 세상을 둘러싼 신선하고 긍정적인 에너지를 자기의 기운으로 받아들이는 것, 그것이 워틀스가 발견한 비밀이며 진리였다.

이 책은 발간 이후 슈퍼베스트셀러가 되면서 데일 카네기 Dale Carnegie와 나폴레온 힐Napoleon Hill 그리고 『시크릿』의 론다 번Rhonda Byrne이 '내 인생을 바꾼 책'으로 이야기했던 고전이기도 하다. 빌 클린턴 전 대통령을 비롯한 수많은 성공한 사람들이 워틀스가 이끌어낸 원칙을 배워 실천하여 눈부신 결과를 얻은 것으로 유명하다.

이 책은 무엇보다 가난하고 못 배운 사람을 염두에 두어 쉽게 쓰여졌으며, 중요한 구절을 강력하게 반복해서 우리 마음에 강한 힘을 불어넣어 준다. 긍정의 반복은 일종의 '만트라'처럼 작용하여 강한 자기암시와 구체적 실천으로 이어지는 효과를 갖게 할 것이다. 긍정의 뜨거움이 전체를 관통하는 이 책의 감동적인 간명하고 짧은 내용을 읽다보면 머리에서 가슴으로 가슴에서 온몸으로 충만한 에너지가 퍼지는 것을 느낄 것이다.

나는 이 책을 번역하면서 강한 긍정의 힘을 배웠고, 그 긍정의 에너지가 온몸에서 느껴졌다. 이 책은 삶을 힘차고 풍성하게 운영하기를 바라는 내 아이들에게 추천하고 싶은 최고의 책이다. 이 책을 통해 여러분도 행복한 부자가 되기를 바란다.

안진환

소중한 나를 부자로 만들어 주는 지혜

초판 발행   2023년 8월 21일 초판 1쇄

원저   월러스 워틀스
편역저   안진환
펴낸곳   헤르몬하우스
펴낸이   최영민
인쇄제작   미래피앤피

주소   경기도 파주시 신촌로 16
전화   031-8071-0088
팩스   031-942-8688
전자우편   hermonh@naver.com
등록일자   2015년 03월 27일
등록번호   제406-2015-31호

ISBN   979-11-92520-56-8 13320